湖南社会科学普及
Hunan popularization of Social Science

湖南省
社会科学普及读物
出版资助项目

刘立夫　龙璞　唐俊　主编

国学
通俗读本

湖南大学出版社·长沙

图书在版编目（CIP）数据

国学通俗读本/刘立夫，龙璞，唐俊主编 . —长沙：湖南大学出版
社，2021.1（2022.8 重印）
ISBN 978-7-5667-1993-5

Ⅰ . ①国… Ⅱ . ①刘… ②龙… ③唐… Ⅲ . ①国学—通俗读物
Ⅳ . ①z126-49

中国版本图书馆 CIP 数据核字（2020）第 148813 号

国学通俗读本

GUOXUE TONGSU DUBEN

主　　编：刘立夫　龙　璞　唐　俊
责任编辑：刘湘琦
印　　装：河北文盛印刷有限公司
开　　本：710 mm×1000 mm　1/16　印　　张：13.5　字　　数：179 千字
版　　次：2021 年 1 月第 1 版　　印　　次：2022 年 8 月第 2 次印刷
书　　号：ISBN 978-7-5667-1993-5
定　　价：48.00 元

出 版 人：李文邦
出版发行：湖南大学出版社
社　　址：湖南·长沙·岳麓山　　　　邮　　编：410082
电　　话：0731-88822559（营销部），88821327（编辑室），88821006（出版部）
传　　真：0731-88822264（总编室）
网　　址：http：//www.hnupress.com
电子邮箱：395405867@qq.com

《国学通俗读本》编委会

主　编：刘立夫　龙　璞　唐　俊

副主编：黄小荣　王琪雯

撰稿人(排名不分先后)：

熊敏秀　张　倩　黄小荣　王琪雯

刘芋宏　唐　俊　龙　璞　刘立夫

前 言

习近平总书记指出："一个没有发达的自然科学的国家不可能走在世界前列，一个没有繁荣的哲学社会科学的国家也不可能走在世界前列。"哲学社会科学是人们认识世界、改造世界的重要工具，是推动历史发展和社会进步的重要力量。社会科学的宣传和普及，是倡导科学方法、传播科学思想、弘扬科学精神的重要方式，是繁荣社会科学、提高公众社会科学文化素质、促进人与社会全面发展的客观需要。近年来，湖南社会科学普及工作不断深化，成效显著，通过建立社科普及基地、举办社科普及讲坛、开展社科普及主题活动周及系列特色活动、推荐与资助优秀社科普及读物创作、建设社科普及志愿者队伍等，在提升公众社会科学文化素质、推动社会科学发展方面发挥了积极的作用。

中国特色社会主义进入了新时代。一方面，我国社会主要矛盾已经转化为人民日益增长的美好生活需要和不平衡不充分的发展之间的矛盾。人民日益增长的美好生活需要，极大地体现在人们对文化、精神领域有了更高的追求。另一方面，面对社会思想观念和价值取向日趋纷繁、主流和非主流同时共存、社会思潮纷纭激荡的新形势，如何巩固马克思主义在意识形态领域的指导地位，培育和践行社会主义核心价值观，巩固全党全国各族人民团结奋斗的共同思想基础，迫切需要哲学社会科学更好地发挥作用。在这个背景之下，社会科学普及工作者应自觉担负起历史使命和时代责任，充分运用"社会科学普及+"思维，创新社会科学普及形式，在丰富人民群众精神文化生活的同时，对人民群众进行科学的教育、引导，提高人民群众的人文社科素养。

面对新形势、新任务，湖南省社会科学界联合会、湖南省社会科学普及宣传活动组委会办公室贯彻落实《湖南省社会科学普及条例》，开展湖南省社会科学普及读物出版资助项目，面向在湘工作的社会科学工作者征集未公开出版的社会科学普及优秀作品，对获得立项的优秀作品进行资助出版。其目的就是激发广大社会科学工作者的创作热情，推出更多更优秀的社会科学普及作品，把"大道理"变成"小故事"，把"学术语言"转化成"群众语言"，把"普通话"和"地方话"结合起来，真正让党的理论政策鲜活起来，让社会科学知识生动起来，让社会科学普及工作"成风化人、凝心聚力"，为建设富饶美丽幸福新湖南、实现中华民族伟大复兴的中国梦凝聚强大的正能量。

湖南省社会科学界联合会
湖南省社会科学普及宣传活动组委会办公室
2020 年 9 月

序

习近平总书记多次强调，中华优秀传统文化是中华民族的"根"与"魂"。一个国家、一个民族的强盛，总是以文化兴盛为支撑的。没有文明的继承和发展，没有文化的弘扬和繁荣，就没有"中国梦"的实现。纵览世界史，一个民族的崛起和复兴，常常以民族精神的崛起和民族文化的复兴为先导。一个民族的衰落或覆灭，往往以民族文化的颓废和民族精神的萎靡为先兆。文化是民族的载体，精神是民族的灵魂。

中国传统文化博大精深，要编写一本为社会大众广泛认可的国学通俗读本绝非易事。本书尝试有针对性地从传统文化经典中选材，依照《大学》"修齐治平"的思路，分"修身编""齐家编""治国编""平天下编"四部分。编写形式为故事导读、名言节选、主题解读三部分。不求面面俱到，但求有特色、有创意、接地气，凸显实用性、趣味性、可读性。由于编写时间仓促，不当之处在所难免，希望读者不吝赐教。

刘立夫

2020 年 7 月

目 次

修

身

编

一、仁爱

1. 不忘初心，方得始终

司马迁出生官宦世家，其父司马谈担任汉朝的太史令。司马谈把修史作为自己一生的神圣使命，可惜壮志未酬身先死。司马谈在弥留之际，拉着司马迁的手说道："我死后，你一定会被提拔为太史令，别忘了我想完成的事业啊！"司马迁俯首流涕，向父亲表示一定不负重托。

后来，司马迁因李陵一案受到牵连，被汉武帝处以宫刑。这是他一生中的奇耻大辱，普通人是无法承受的。司马迁曾多次想到自杀，但是，父亲的遗愿还没实现。经过异常痛苦的思想斗争后，司马迁最后决定活下来，经过十多年的艰苦努力，终于完成了名垂千古的历史巨著《史记》。

> 为天地立心，为生民立命，为往圣继绝学，为万世开太平。
>
> ——张载《张子语录》

2016 年 7 月 1 日，习近平总书记在庆祝中国共产党成立 95 周年大会上的讲话中，十次提到了"不忘初心，继续前进"，强调要"永远保持建党时中国共产党人的奋斗精神，永远保持对人民的赤子之心"。习近平总书记指出，中国共产党的初心就是建党时中国共产党人的奋斗理想，党的根基在人民，党的力量在人民，要不断把为人民造福的事业推向前进。

2017 年 12 月 12 日，《咬文嚼字》杂志编辑部评出了 2017 年度十大流行语，"不忘初心"位列其首。

"不忘初心"一词，目前已知最早出自唐代白居易《画弥勒上生帧记》：

所以表不忘初心，而必果本愿也。

意思是说，时刻不忘记最初的发心，最终一定能实现其本来的愿望。一般认为，"不忘初心，方得始终"这句话源于对《华严经》部分经文的解读，与儒家、道家所说的"赤子之心"是一致的。《孟子·离娄下》说：

大人者，不失其赤子之心者也。

"大人"就是德行高洁、人格伟大之人，他们像初生的婴儿一样，能够保持率真、淳朴的心灵。《道德经》也说：

含德之厚，比于赤子。

这里形容德行高尚的人，就像婴儿一样，不加修饰，纯任自然。"赤子之心"后被引申为忠诚爱国、救民济世之心。王夫之在《读通鉴论》卷十五中谈到了"初心"以及"全其初心"的思想价值：

人莫急于自全其初心，而不可任者一往之意气。欲为君子，势屈而不遂其志，抑还问吾所自居者何等也。情之所流，气之所激，势之所迫，倒行逆施，则陷于大恶而不知，而初心违矣。

王夫之的这段话，针对的是南北朝时期刘宋朝廷的一些变节和世人的一些苟且行为，他认为无论是国家还是个人，都应该不忘初心，保持原初的志向和伦理操守，要以天下为公，强调"一人之正义，一时之大义"和"古今之通义"。

《诗经》有言：

荡荡上帝，下民之辟。疾威上帝，其命多辟。天生烝民，其命匪谌。靡不有初，鲜克有终。

意思是说做人、做事、做官没有人不是善始的，却很少有人善终。细细品味，的确是警世恒言。

已故美国苹果公司首席执行官乔布斯曾说："拥有初学者的心态是件了不起的事情。"乔布斯应邀在斯坦福大学演讲，他这样回忆自己过去的生活："我总是把一切弄得一团糟，甚至想过逃离硅谷。但是，渐渐地，我开始有了一个想法，我仍然热爱我过去做的一切，于是，我决定从头开始。"世界上没有人能够随随便便成功。普通人之所以是普通人，那是因为他们拥有一个共同特征："靡不有初，鲜克有终。"而成功者之所以成功，也一定拥有另一个共同的特征："不忘初心，方得始终。"

2. 仁者无敌

道教八仙之一的吕洞宾，师从汉钟离。汉钟离要教吕洞宾一个"点铁成金"的法术，并告诉他："你学会这个法术之后，可以用来帮助穷苦之人。"吕洞宾就问："我把这个铁变成金，以后这个金会不会再还原成铁？"汉钟离回答："五百年之后，这个金又会还原成铁。"吕洞宾惊诧道："那我岂不是害了五百年以后的人吗？这种事我不干！"汉钟离很满意："成仙要积三千功行，你这一念善心，三千功行都圆满了。"

> 不仁者不可以久处约，不可以长处乐。
>
> ——《论语·里仁》

孔子是中国历史上第一个将"仁"作为最高道德标准的思想家。在两万多字的《论语》中，"仁"这个字前后出现了一百多次，先后有六位弟子向孔子问过"仁"。可见，"仁"确实是孔子思想的重心。那究竟什么是"仁"？简单地说就是"爱人"，发自内心地关心他人。

孔子说："君子务本，本立而道生。"这里的"本"便是"仁心"。君子只有确立对他人的关爱，仁道才会产生，人与人之间才会和谐。那么，怎样才能立"仁心"呢？孔子在回答弟子们的六次问"仁"中，已给出了答案。

颜渊问仁。子曰："克己复礼为仁。一日克己复礼，天下归仁焉。为仁由己，而由人乎哉？"

孔子说，努力地约束自己，使自己的行为符合礼的要求，能够做到这一点，就能达到仁的境界。这要靠自己的努力，别人是帮不了的。

仲弓问仁。子曰："出门如见大宾，使民如承大祭。己所不欲，勿施于人。在邦无怨，在家无怨。"

仲弓，就是冉雍。孔子对他说，出门对人要以礼相待，如同见贵宾一样，对待人民如同祭祀一样庄重。自己都不想的，不要强加给别人。这样，在家里家外都不会招致怨恨，就达到了仁。

司马牛问仁。子曰："仁者，其言也讱。"曰："其言也讱，斯谓之仁已乎？"子曰："为之难，言之得无讱乎？"

据《史记·仲尼弟子列传》记载，司马牛这个人，话特别多，性格也比较急躁。孔子在他问仁的时候，告诉他，仁者说话的时候都很谨慎。司马牛提出质疑，孔子告诫他想要做到这一点是很困难的。

樊迟问仁。子曰："爱人。"问知。子曰："知人。"樊迟未达。子曰："举直错诸枉，能使枉者直。"

樊迟既是孔子的学生，也是孔子周游列国时的车夫。孔子回答樊迟说，仁就是爱别人。樊迟不理解，孔子就用治理国家给他做比喻，治理国家要选拔正直的人，罢黜邪恶的人，用正直的人给世人作榜样，世人就会归于仁道。要做到这一点，首先要爱护、了解他人。

子贡问仁。子曰："工欲善其事，必先利其器。居是邦也，事其大夫贤者，友其士之仁者。"

　　这里孔子用"磨刀不误砍柴工"的例子向子贡解释仁，然后用类似"近朱者赤，近墨者黑"的道理，告诉子贡要想得到仁，应多与品德高尚的人交往，说明与品德高尚的人为友，自己也能获得"仁心"。

　　子张问仁。子曰："能行五者于天下，为仁矣。"请问之。曰："恭、宽、信、敏、惠。恭则不侮，宽则得众，信则人任焉，敏则有功，惠则足以使人。"

　　在回答子张的提问中，孔子把仁分化成庄重、宽厚、诚实、勤敏、慈惠这五种品德，庄重就不会受到侮辱，宽厚就会得到众人的拥护，诚信就能得到别人信任，敏捷就能提高工作效率，施惠就能够得到别人的帮助。

　　其实，"仁"与"人"是密不可分的。这个人可以是自己，也可以是亲人、朋友、陌生人，还可以是敌人，甚至是人以外的天地万物。要做到"仁"，需要注意以下几点：

　　首先，要把自己当作"人"。在很多情况下，我们没有好好地把自己当作一个人来对待。比如说，有人因为一时想不开而选择轻生；有人因为生意失败、情感受挫而从此一蹶不振；有人生来就养尊处优，便处处以为自己高人一等；也有人成日纸醉金迷，根本认不清自己。《中庸》说："成己，仁也。"成就自己才能进一步成就他人，所以，"成己"是仁的基本要求。一个人怎样才算是真正做自己，这个问题值得去深思。

　　其次，要把亲人当"人"来对待。孟子说："孩提之童无不知爱其亲者，及其长也，无不知敬其兄也。"本来，"爱其亲"是人的本能，哪里有人不爱自己的亲人呢？但凡事都有例外。我们常常见到这样的报道，"不孝子卖掉房子卷钱消失，六旬母亲流落街头""老人遭亲生儿打骂19年""狠心父母卖孩子挣钱：已连续卖掉3个亲生骨肉"……这些报道其实早已不"新鲜"了，因为太多了。俗语云："贫居闹市无人问，富在深山有远亲。"现代社会，金钱似乎大有取代一切的趋势，但金钱真的能买到亲情吗？

再次，哪怕是陌生人，也理应受到"爱"的待遇。"泛爱众，而亲仁。""老吾老，以及人之老；幼吾幼，以及人之幼。"关爱他人，既是中华传统美德，同时也是"仁"的基本要求。

甚至，"仁"还要求我们爱"敌人"——那些不爱我们的人。对此，应当这样理解：在他人眼里，每个人都是有缺陷的，都有这样或那样让人不满意的地方。也就是说，"敌人"无处不在。一个人越是"完美"，他的"敌人"或许会更多。那该怎么办？我们是选择敌对，还是选择和解？

《论语》开篇说："有朋自远方来，不亦乐乎？人不知而不愠，不亦君子乎？"朋友来了，要热情招待；但对那些不知道、不了解我们的人，甚至是背后侮蔑、诋毁我们的人，应该怎么办呢？"不愠"，即不要生气。你生气，你恼他恨他，他只会把这个"恼恨"加倍奉还！你只有用爱去感化，这个死结才有可能打开。所以，在面对"敌人"的时候，要"忍他、让他、避他、由他、耐他、敬他、不要理他，再过几年，你且看他"。这是一种境界。

最后，"仁"的最高境界还是"万物一体"。这就是古人说的"民胞物与"，万物无一不是我们的同胞，无一不与我们休戚相关、命运与共。当一个人真正达到这种境界的时候，不仅是人类，一切事物，哪怕是石头树木花草等"无情"之物，在他心中，也是值得爱的。如此"仁者"，实际上已经与天地万物化为一体了。

3. 爱人者人爱之

廉颇是战国时期赵国有名的良将，他战功赫赫，被拜为上卿；而蔺相如"完璧归赵"有功，被封为上大夫，不久后又因在渑池秦王与赵王相会时维护了赵王的尊严，也被提升为上卿，且位在廉颇之上。廉颇对此不服，扬言：

"我要是见了他，一定要羞辱他一番。"蔺相如得知此事后，就有意不与廉颇会面，别人以为蔺相如害怕廉颇，廉颇为此很得意。可是蔺相如却说："我哪里会怕廉将军？不过，现在秦国倒是有点怕我们赵国，这主要是因为有廉将军和我两个人在。如果我跟廉将军互相攻击，那只能对秦国有益。我之所以避开廉将军，是以国事为重，把私人的恩怨丢在一边！"这话传到了廉颇耳朵里，廉颇大为羞愧，便光着上身，背负荆杖，来到蔺相如家请罪："我真是一个糊涂人，想不到你能这样的宽宏大量！"蔺相如被廉颇的做法感动，立刻扶他起身，两个人遂成刎颈之交。

> 爱人者，人恒爱之；敬人者，人恒敬之。
>
> ——《孟子·离娄下》

在现实生活中，人与人之间互不理解、互相伤害的事比比皆是。扶起摔倒的老人，反被诬陷为肇事者；广场舞大妈的噪声即使扰民，也拒绝让步；将魔掌伸向老人、学生等的电信诈骗屡禁不止；看病难、看病贵，天价药费事件不计其数；互联网上的恶意人肉搜索，个人信息泄露，网络暴力事件数不胜数；汽车驾驶员违规驾车，酿成的惨剧层出不穷；毒奶粉、瘦肉精、地沟油、毒生姜等事件让人防不胜防。快节奏的生活下人们似乎忘记了去关注和我们生活在同一片天空下、和我们同行的人，而鲁迅先生早在《这也是生活》中就指出了"无尽的远方，无数的人们，都和我有关"。爱人方能得人之爱，此亦是社会和谐之本。

实际上先秦时代的墨子早就思考过人与人相处的问题，为此提出了"兼爱"的解决之道。墨子所处的时代情况比现在要严重得多，杀伐不止，动荡不安，他认为这是人与人之间不相爱造成的。他说：

子自爱，不爱父，故亏父而自利；弟自爱，不爱兄，故亏兄而自利；臣自爱，不爱君，故亏君而自利；此所谓乱也。

父自爱也，不爱子，故亏子而自利；兄自爱也，不爱弟，故亏弟而自利；君自爱也，不爱臣，故亏臣而自利。是何也？皆起不相爱。

儿女爱自己而不爱父母，因而通过伤害父母来获利；弟弟爱自己而不爱兄长，因而通过伤害兄长来获利；臣子爱自己而不爱君王，因而通过伤害君王来获利。反过来说，父母爱自己而不爱子女，因而通过伤害子女来获利；兄长爱自己而不爱弟弟，因而通过伤害弟弟来获利；君王爱自己而不爱臣子，因而通过伤害臣子来获利。这是为什么？都是因为不相爱。

如果每个人都只顾自身利益，以邻为壑，那整个社会势必陷入混乱动荡。墨子为此罗列了人类互不相爱的各种类型及其危害：

诸侯不相爱，则必野战；家主不相爱，则必相篡；人与人不相爱，则必相贼；君臣不相爱，则不惠忠；父子不相爱，则不慈孝；兄弟不相爱，则不和调。天下之人皆不相爱，强必执弱，富必侮贫，贵必敖贱，诈必欺愚。

诸侯之间不相爱，就会发动战争；家族的叔伯兄弟不相爱，就会互相争夺；人与人之间不相爱，就会互相残害；君臣之间不相爱，就不会君施惠、臣尽忠；父子之间不相爱，就不会父慈子孝；兄弟姐妹之间不相爱，就不会家族融洽和谐。天下人都不相爱，强大的就会去欺负弱小的，富裕的就会欺辱贫穷的，上位的就会傲视下位的，狡猾的就会欺骗憨厚的。

所以，墨子极力主张大家要"兼相爱"。如果天下人都能与人为善，为他人考虑，友爱他人，整个社会又怎么会不和谐呢？

若使天下兼相爱，爱人若爱其身，犹有不孝者乎？视父兄与君若其身，恶施不孝？犹有不慈者乎？视弟子与臣若其身，恶施不慈？故不孝不慈亡有。犹有盗贼乎？故视人之室若其室，谁窃？视人身若其身，谁贼？故盗贼亡有。

倘若天下之人都能相亲相爱，爱别人就像爱自己一样，哪里还有不忠孝仁慈的人？看待父母、兄长及君上都能像自己一样，怎么会做出不忠孝的事？看待儿子、弟弟及臣子都能像自己一样，怎么会做出不慈爱的事情？还比如那些小偷和强盗呀，看待别人家像自己家一样，谁还去偷东西；看待别人像自己一样，谁还去害人，所以小偷和强盗也就没有了。

在社会生活中，每一个人都渴望别人的关怀，哪怕是一句贴心的问候，一个鼓励的眼神，都有可能给人留下美好回忆，甚至可能改变别人的一生。正如一首诗所说：

愿夜里有人为你点灯，

白昼有人为你欢笑，

晴天有人为你遮阳，

雨天有人为你撑伞，

快乐的时候有人分享，

难过的时候有人安慰，

伤心的时候有人心疼。

人世间，总有很多灯为我们每个人亮着。作为回报，在世界的某个角落，我们也可以点起一盏盏灯，温暖别人。

4. 心底无私天地宽

相传，史前时代，洪水泛滥成灾。炎黄时期，共工氏居住地的三分之二都被洪水淹没了；尧舜之时，洪水涨到了山腰，淹没了丘陵；到了大禹统治的时朝，十年九涝。共工氏治水采用的填堵办法，能够在小范围内暂时奏效，但不能根除水患，所以他失败了。鲧沿用共工氏的办法，也没有成效。大禹从前人的失败中总结经验教训，采用新的方法治理洪水。他利用自然地形，把高地再筑高加固，把低地挖得更低，让水流顺畅地流出，同时选择适当的水源进行灌溉。这个办法以疏导为主，把治水患和兴水利结合起来，取得了很大的成功。大禹有顽强奋斗、公而忘私的精神，他治水时在外13年，以身示范，辛苦劳作，三过家门而不入。这种大公无私的精神受到了后世的高度赞扬。

> 心无私欲，自然会刚，心无邪曲，自然会正。
>
> ——陆陇其

"世界上最宽广的是海，比海更高远的是天空，比天空更博大的是男人的情怀。"此语出自法国文学家雨果的《悲惨世界》一书。雨果还说过："比天空还宽阔的是人的心量。"心量是什么？用通俗的话说就是"心胸"。

人们常说，心胸决定境界，心态决定命运。《菜根谭》云：

退步宽平，清淡悠久。争先的径路窄，退后一步，自宽平一步；浓艳的滋味短，清淡一分，自悠长一分。

大意是说，争强好胜、互不相让，只会让人际关系越变越窄，只有懂得后退的人才会越走越宽，正如清淡的饮食让人回味无穷。这里旨在劝世人心胸要宽广，心态要平和。可是，人的心胸里到底能装得下什么呢？

俗话说："心有多大，世界就有多大。"每个人都有两颗"心"，一颗是"私心"，处处以自我为中心，只装得下自己，容不得其他；一颗是"公心"，能够为公众的利益着想，装得下自己，更装得下别人。当人的公心大于私心时，这个社会就会充满爱和友情；相反，这个社会就只剩下仇恨和敌意。

老子有言：

天长地久。天地所以能长且久者，以其不自生，故能长生。是以圣人后其身而身先，外其身而身存。非以其无私邪？

"与天地同寿，与日月同辉"，这是人类的梦想。天地没有偏私，故能天长地久。得道之人往往把自己放在最后，却能赢得大家爱戴；把自己生死置之度外，反而能保全自己性命。这都是因为他们不自私。

天无私覆也，地无私载也，日月无私烛也，四时无私行也。行其德而万物得遂长焉。

《吕氏春秋》也表达了同样的意思。天没有偏私，天覆盖万物；地没有偏私，地承载万物；日月没有偏私，日月给予世间光明；四季也没有偏私，四时交替地运行。正是因为天地、日月、四季各自施以恩德，所以万物才能够生长。因此，人要想放宽心量，就应该效法天地、日月、四季、圣人，去除私心。那如何使自己变得无私呢？

一是观念无私。首先，淡化个人利益。可以通过读读经典书籍、关注国家大事或与好友聊天谈心等方式把自己的关注点从个人转移到他人、社会及国家身上。其次，不因私利而害人。每个人关心自己的利益无可厚非，但为了满足个人利益，达到个人目的，以牺牲别人利益为代价，通过伤害别人获取成功，这样做只会引火上身。再次，不要将自己的问题强加给别人，即使在困难的时候，也要尽量做到为公。

二是心态无私，为他人着想。多用换位法，将自己换位成他人，设身处地地为他人着想。如果能够想明白，就会理解他人的感受，更容易无私地对待他人。另外，学会宽恕与忘却。不管有人无意还是有意冒犯了你，如果他真诚地向你道歉，寻求你的谅解，请原谅他，尽量不要怀恨在心，并积极地把冒犯忘记。记住别人的好，忘记别人的坏。因为，爱与宽恕永远比恨与埋怨更好。

三是行为无私。做到无私，并非一蹴而就，要循序渐进，需要不断地修炼和积累。日行一善，做到"勿以善小而不为，勿以恶小而为之"。在日常生活中，为有需要的人让座，尽己所能进行捐赠等，做好身边人的表率，努力去做那些惠及大多数人的事情。还可以多参加志愿服务，抽时间多做志愿服务，这也是表现无私的好方式。志愿服务能让人广结善缘、结交新朋友，产生幸福感、成就感。

5. 知恩报恩

春秋晋国，魏武子的儿子魏颗，在其父亲死后，没有按照父亲的吩咐让父亲的小妾陪葬，而是让那名女子改嫁了。后来，魏颗与秦将杜回交战的时候，一位老人将地上的草都打成了结，绊住了杜回的坐骑和秦兵，使得杜回被魏颗俘虏，秦军大败。当晚，魏颗梦见了那位老人，老人称自己是那名小妾的父亲，特来报答魏颗对女儿的救命之恩。

> 滴水之恩，当涌泉相报。
> ——《朱子家训》

感恩，是中华民族的传统美德，是人人应该具有的一种道德品质和生活态度。自古以来，感恩报恩的故事就广为流传。

《史记》记载了韩信感恩"漂母"的故事：

信钓于城下，诸母漂，有一母见信饥，饭信，竟漂数十日。……信至国，召所从食漂母，赐千金。

韩信年少时，父母双亡，为了养活自己，他想着到河边钓鱼以换取食物。可并不是每次都能钓到鱼，时常饿肚子。有幸得淮水边一位为人家漂洗衣物的妇人（人称"漂母"）的救济，一连好多天拿饭给他吃，才得以存活。韩信被封为淮阴侯后，始终没忘"漂母"救济之恩，派人找寻，赠金千两，好生侍奉。现代诗人杨寿枏作诗曰："一饭千金报，穷途敢受恩。当时漂母意，容易感王孙。"

《三字经》中提到了"黄香温席"的故事：

昔汉时黄香，江夏人也。年方九岁，知事亲之理。每当夏日炎热之时，则扇父母帷帐，令枕席清凉，蚊蚋远避，以待亲之安寝；至于冬日严寒，则以身暖其亲之衾，以待亲之暖卧。于是名播京师，号曰"天下无双，江夏黄香"。

黄香是汉朝江夏人。他九岁时，就知道感恩父母的道理。在炎热的夏天，当时没有空调、电扇，也没有蚊香、花露水，他就向父母的床和蚊帐扇风，将枕头和席子扇凉，把蚊虫赶跑，让父母睡得安心。在寒冷的冬天，没有空调等取暖器，他就用自己的体温，给父母暖被窝，让父母睡得舒服。这便有了"香九龄，能温席"的典故。

虽然有那么多知恩图报的故事，但忘恩负义者也不乏其人。三国时期的吕布，虽被誉为"三国第一猛将"，武艺高强，勇猛无比，但是他见利忘义、反复无常，被世人称为"三姓家奴"。古往今来，忘恩负义者皆为人所不齿。在沈阳打工的山东青年韩磊，在丁香湖公园游玩时，奋力救起落水的男青年，因体力不支，不幸溺水身亡。但是，那个被救起的落水者却从此不知踪影。在当地政府积极为韩磊申报烈士时，他的事迹曾因缺少被救者证明而一度被搁置。这样的事，能不让人痛心吗？

那如何成为一名感恩的人呢？

一、有感恩的心

首先，要有积极的心态。人生在世，并非一帆风顺，不如意十有八九。即使不如意也要看到事物积极的一面，"塞翁失马，焉知非福"。其次，不要抱怨。抱怨不是一种积极的人生态度。抱怨对解决问题毫无益处，只会增加自己的烦恼，也会将负能量传递给别人。再次，不要攀比。攀比是不懂感恩的人的特点。不懂感恩的人，经常拿自己和别人做比较，比别人好就嘲笑别人，没有别人好就嫉妒别人。要学会感恩，就要放弃攀比，否则将永不知足，陷入无尽深渊。

二、明白感恩谁

一是感恩父母。父母赋予我们生命，含辛茹苦地养育我们成人。纵使父母有些不如人意的地方，也要理解包容。百善孝为先，一个都不懂得感恩父母的人，你期待他还能感恩谁？二是感恩国家。有国才有家，国家的强盛，给我们安定、富足、幸福的生活，我们还有什么理由不尽自己的努力来报效祖国。三是感恩师长。我们的成长离不开老师和长辈的谆谆教诲，"春蚕到死丝方尽，蜡炬成灰泪始干"。四是感恩朋友。朋友是我们人生一笔宝贵财富，但不要把友情当作理所当然，感恩友情，互敬互助。五是感恩对手。对手是值得尊敬的，正是对手强大，一次次激励我们要不断进取，不断完善自己，这是前进的动力。六是感恩自然。我们生长在自然中，日月星辰照耀我们，春夏秋冬呵护我们，山川江河湖海养育我们，我们怎能不感恩自然。

三、践行感恩

首先，把"谢谢"说出来。说"谢谢"有些人觉得很难为情，不好意思，但说出的话能强化我们的感恩之心，还能使别人知道我们感谢他们，强化他们对自己感恩之情的认可。其次，要讲究回报。感恩不是仅停留在口头上，需要回报亲人、朋友甚至陌生人。但并非回报后就扯平，这不是交易，不是感恩的态度。回报亲人、回报朋友、回报帮助过你的人，当他们有需要的时候，伸出援手，把知恩图报的善念传递下去。

6. 施于人，受于己

北朝魏齐时，有位叫李士谦的人，家境富裕，而人尚节俭，对他人慷慨，常周济老百姓。有一年春荒，许多人家都断了粮，李士谦便拿出一万石粮食给乡里的缺粮户。到了秋天又遇年成不好，借粮的人无法如期偿还所借粮食，李士谦说："我借粮给你们是为了帮大家度荒，不是为求利。既然年成不好，借的粮就不用还了。"之后他又请一些欠粮的人吃饭，在吃饭时当着大家的面烧毁了全部借据。第二年粮食丰收了，许多人挑粮来还，李士谦坚决不收，还粮的人只好又挑了回去。李士谦乐善好施三十年，在隋文帝开皇八年（588）去世。他所在的赵州一带有一万多人为他送葬，哭声动地。

> 负恩必须酬，施恩慎勿色。
>
> ——王梵志

"乐善好施"，指乐于行善，施惠于人，语出司马迁所著的《史记》，"闻征音，使人乐善而好施"。唐代诗人白居易，有诗云："所施不卤莽，其报必有余。"这里"施"就是给予。孟子说："君子莫大乎与人为善。"认为与人为善、乐善好施是君子最大的优点，与我们常说的"予人玫瑰，手有余香"，大义相通。

人为什么要施惠于人呢？通常有六种原因：

一是获得好名声，通过好名声来获得更多的利益；

二是出于同情心，被施惠者着实可怜，所谓"恻隐之心人皆有之"；

三是积善求福，通过行善，来求得神灵庇护；

四是获得快乐，通过帮助别人，使自己身心得到快乐；

五是自我实现，把善行善举当作实现自我的社会价值；

六是自然而然，把善行当作自然而然的事，行善根本不需要思索。

以上是施惠者的心态和动机。其实，一个人只要是实实在在地行善施惠，我们都要为他点赞。

乐善好施不仅仅指捐钱捐米、赠医送药、送书办学等行为。屠格涅夫在他的《乞丐》一文中，通过他与乞丐的对话，给了我们启示。在一个寒冷的冬天，作者走在街上，遇到了一位骨瘦如柴、衣衫褴褛、蓬头垢面、浑身是伤的乞丐老人，乞丐老人伸出红肿而肮脏的手向作者乞讨。作者搜遍全身却一无所获，愧疚之余紧紧握住乞丐老人的脏手，说："请原谅，兄弟。"老人听后微微笑了并紧紧回握作者的手，说："这已经很感谢了，这也是一种恩惠，兄弟。"作者一下明白了，原来他从乞丐老人那里也得到了施舍。

由此看来，乐善好施除了钱财施舍之外，更重要的还有精神上的支持和帮助。乞丐老人与屠格涅夫虽地位悬殊，但他仍然被尊重，得到了一种平等的关爱。而屠格涅夫从乞丐老人那里感悟到了生活的信念。

乐善好施就是"布施"。布施为大乘"六度"之首，能够产生功德，培植善根。布施分三种：

第一，财布施。拿自己的钱财物去帮助别人，这叫外财布施；用自己的体力、智慧去帮助别人叫内财布施，内财布施比外财布施更难能可贵。

第二，法布施。教导别人生存的能力，开启别人的智慧。真正的法布施，是以身作则，如法修行，做一切众生的榜样。修行法布施，一生将得聪明智慧。

第三，无畏布施。别人有痛苦、不安，能够开导他、鼓励他，让他远离痛苦，得到身心安乐，这就叫无畏布施。修行无畏布施，一生得健康长寿。

生活中并不要求每一个人都像出家人一样，恪守清规戒律，但乐善好施却是我们每个人都应具有的品质。因为乐善好施的人不仅能够成就他人，也能够成就自己。

二、正义

1. 敦厚是福

东汉人刘宽，性情温和，为人宽厚。有一次，刘宽乘着一辆牛车外出办事，在路上遇见一个人，那人正在寻找自己走失的牛。一看见刘宽的牛车，那人便上前拦住，对车上的刘宽大喊："这头牛就是我走失的牛，怎么能拿我的牛拉车呢？"刘宽没有争辩，那个人又大声喊道："这明明就是我的牛，你这个偷牛贼，快点把我的牛还给我！"这时候，刘宽缓缓走下车，一点也不争辩，独自徒步回到了家里。不一会，就听见外面有人敲门，那个失牛人竟然带着刘宽的牛车找上门来。他一进门，便向刘宽深深地鞠了一个躬说："我真的很惭愧，刚才那样对您。都是我搞错了，我丢失的牛在小河边找到了。我亲自把您的牛车还回来，并向您请罪，任您处罚。"刘宽和颜悦色地说："您的牛找到了就好，没关系。这世界上长得相似的物品太多了，很容易搞错的，我还要谢谢您，劳烦您把我的牛车给送回来。"

厚者不毁人以自益也，仁者不危人以要名。

——《战国策·燕策》

《菜根谭》有言：

念头宽厚的如春风煦育，万物遭之而生；念头忌刻的如朔雪阴凝，万物遭之而死。

说的是，胸襟宽广敦厚之人，与他交往，清新温暖，如沐春风；胸襟狭小刻薄之人，与他交往，冷若冰霜，如临寒冬。故事中的刘宽，正是由于为人敦厚，性情温和，气度宽宏，才受到大家的尊敬。

北宋时期，赵概和欧阳修同在国史馆纂修史籍。赵概为人敦厚持重，沉默寡言。欧阳修认为他没有什么真本事，很看不起他。欧阳修升任知制诰（为皇帝起草诏令的官员）后，就把赵概贬了官，但赵概淡泊名利，并没有抱怨。后来，欧阳修的亲戚犯了法，有人借题发挥，污蔑欧阳修。皇帝大怒，没人敢为欧阳修说话，只有赵概上书皇帝，力陈欧阳修是不可多得的人才，朝廷应以大局为重，不应听信谗言。有人问赵概，欧阳修贬了你的官，你为什么不恨他，还替他说话？赵概回答，不能因私而废公呀！虽然赵概上书，但欧阳修还是被贬滁州。此后，赵概又多次为欧阳修上书，请求皇帝让欧阳修官复原职。虽然赵概的请求没有被皇帝采纳，但人们都非常赞赏赵概敦厚大度、不计私怨的品行。欧阳修也与他成为莫逆之交。

人的交往，常始于颜值，赏于才华，终于人品。而大凡敦厚之人，多能得人信赖，与人保持长久友谊。大致而言，敦厚之道主要有以下几点：

一是宽容待人。人无完人，每个人都会无意间伤害别人。苛责之人，会斤斤计较，怀恨在心，他日必定报复；而敦厚之人，则不计得失，宽容待人，更不会耿耿于怀。所以对于别人的小过失，能包容，便是有修养，就是具有待人敦厚的美德。

二是不揭人短。人天生对未知事物都有好奇之心，这种好奇心用在学习上，会促进人的进步；但好奇心若用在探寻别人的隐私上，到处散布谣言，或以此要挟获利，这就是小人的所为。俗话说，人非圣贤，孰能无过？对于别人的缺点、缺陷或隐私，就算有些地方看不惯，也不要到处散播。不管在什么情况下，都要管好自己的舌头，做人要留口德。

　　三是真心待人。敦厚之人对人不分厚薄，真心对待每个人。有些人能用真心来回报你，也有些人会对你的真心视而不见。你做了好事，别人不一定会理解。但请你相信，用真心换真心，是一条亘古不变的真理。"爱人者，人恒爱之；敬人者，人恒敬之。"你对别人好，别人才会对你好。

　　四是甘愿吃亏。在人与人的交往中，有人获利，有人吃亏。吃亏不代表被人欺负、被人占便宜，不代表傻，吃亏其实是一种基于个人能力的自信之举。人们常说，吃亏是福，吃苦是福，平淡是福。其实，敦厚未尝不是福。

2. 君子之勇

　　孔子的弟子子路曾经问过他这样一个问题："君子崇尚勇敢吗？"孔子思考片刻，这样回答道："君子以义作为最高尚的品德，君子有勇无义就会作乱，小人有勇无义就会偷盗。"三百多年后，各地英雄豪杰揭竿而起，而项羽和刘邦站在了最后的角逐舞台上，因此两人总被放在天平上比，比什么呢，比的就是匹夫之勇和君子之勇的差别。韩信曾评价项羽，说他所做之事只呈现出他的勇，刚愎自用，孤军奋战，这是匹夫之勇。而刘邦却相反，他知人善任，不仅有容人之量，而且能用人之长，且他遇事沉得住气，有定力，会隐忍，相比于项羽的到处烧杀，刘邦首选不战而屈人之兵，恭敬慈爱，这便是君子之勇。

勇毅猛戾，则辅之以道顺。

——《荀子·修身》

　　《中庸》将智、仁、勇称为"三达德"，古希腊亚里士多德把智慧、勇敢、节制、正义列为"四主德"。可见，勇敢坚毅为古今中外所推崇。古人认为，勇敢坚毅之人，为了追求大义，临危不惧，甚至将生死置之度外，因而无愧于大丈夫之名。

勇敢坚毅不同于逞勇斗狠。古代思想家荀子曾经详细分析过不同类型的"勇"。他说：

有狗彘之勇者，有贾盗之勇者，有小人之勇者，有士君子之勇者。争饮食，无廉耻，不知是非，不辟死伤，不畏众强，牟牟然唯利饮食之见，是狗彘之勇也。为事利，争货财，无辞让，果敢而振，猛贪而戾，牟牟然唯利之见，是贾盗之勇也。轻死而暴，是小人之勇也。义之所在，不倾于权，不顾其利，举国而与之不为改视，重死持义而不挠，是士君子之勇也。

荀子认为，有如猪狗之类的勇敢，也有商人和盗贼的勇敢，有小人的勇敢，也有士君子的勇敢。争吃抢喝，没有廉耻，不知是非，不顾死伤，不怕众人的强大，眼里只有吃喝，这是像猪狗一般的勇；唯利是图，争抢财物，不懂得礼让，夺利急不可待，暴力贪婪，眼里只有钱财，这是商人和盗贼的勇；不在乎死亡而行为暴虐，这是小人的勇；做合乎道义的事，不畏强权，不顾自己的利益，给天大的好处也不改变他的想法，坚持正义而不屈不挠，这是士君子的勇。荀子推崇"士君子之勇"，看不起狗彘之勇、贾盗之勇、小人之勇。

蔡锷在辑录《曾胡治兵语录》中，对"勇"有一段说明：

勇有狭义的、广义的及急遽的、持续的之别。暴虎冯河，死而无悔，临难不苟，义无反顾，此狭义的、急遽的者也。成败利钝，非所逆睹，鞠躬尽瘁，死而后已，此广义的、持续的者也。前者孟子所谓小勇，后者所谓大勇，所谓浩然之气者也。

"勇"有狭义、广义的区别。那些空手与虎搏斗，徒步涉水过河，临死了都不回头，死了都不悔悟，还认为自己是在追求道义的人，是狭义之勇。

如果是逞一时之意气，这连勇都算不上，最多称为莽夫。那些无论事业成功
与失败、顺利还是不顺利，都为事业尽一切努力，献出一切力量，到死为止
的人，是广义之勇。孟子把前者称为小勇，而把后者称为大勇。有大勇才是
真正的勇者，真正的勇者胸中都充满着浩然正气。所以，蔡锷认为曾国藩和
胡林翼他们所讲的勇，都是大勇，是真正的勇，只有真正的勇，才能称得上
勇毅。

生活中，能称得上勇毅的人都有以下表现：

其一，疾恶如仇，见义勇为。勇毅的人，面对坏人坏事，能够挺身而出；
同邪恶势力斗争，能竭尽全力，哪怕粉身碎骨，也在所不辞。

其二，勇敢坚毅之人懂得有所为，有所不为。真正的勇毅，不是贸然行
事、暴虎冯河的鲁莽，也不是一味俯首帖耳、患得患失，而是审时度势，有
所为，有所不为，摒弃小勇，坚持大勇。

其三，勇于进取，坚忍不拔。勇毅的人，敢于面对挫折与失败，跌倒后
有勇气再爬起来，能够经得起排山倒海的冲击，也能受得住千斤重担的压力。

3. 君子坦荡荡

刘理顺，明朝人。少年时家贫，准备赴京应考，但没有路费，于是在一
个员外家中教书。员外见刘理顺博学多才，教学有方，非常器重他，特地选
一名聪明伶俐的侍女，照顾其饮食起居，晚上共住一室，其意是要将此女赠
予刘理顺为妻。刘理顺边教书边刻苦攻读，转眼三年过去了，时逢考期，于
是辞别员外，准备赴京。临行时，刘理顺请员外替侍女选配一位好丈夫，员
外疑惑不解，以为刘理顺有意抛弃侍女。员外对刘理顺说，她陪伴你三年，
已有深厚感情。你此去若金榜题名，她做不了你的正室，你也可以娶她做小
妾呀！刘理顺知道有误会，笑着告诉员外，他并非无情意之人，同住三年，

实在是无半点儿女私情。员外闻言甚感诧异，特地请家中老妇查问侍女，果然如刘理顺所言。员外对刘理顺的高尚人格、坦荡胸怀万分钦佩，在征得刘理顺同意后，将其收为义子，资助他上京赴考。放榜之日，刘理顺果然高中状元，后来成为明代著名的理学大师。

> 君子成人之美，不成人之恶。
>
> ——《论语·颜渊》

柳下惠"坐怀不乱"的故事，最早出现在战国时期毛亨所注释的《诗经·小雅·巷伯》，但没有具体展开。元代胡炳文在《纯正蒙求》（卷上）中有略为详细的记载：

鲁柳下惠，姓展名禽，远行夜宿都门外。时大寒，忽有女子来托宿，惠恐其冻死，乃坐之于怀，以衣覆之，至晓不为乱。

故事情节演绎如下：鲁国的柳下惠，他的真实姓名叫展禽。在一个寒冷的夜晚，外出办事的柳下惠，因为路途太远，不能及时赶回城内家中，又逢天气寒冷，而在一个废弃的房屋中落脚。恰在这时，一名年轻女子也到此借宿，与他相对而坐。半夜时分，年轻女子被冻醒，便起身央求柳下惠，希望坐到他怀中，以身温驱寒。柳下惠急忙推辞，孤男寡女共处一室，已是不妥，你再坐入我怀中，更是男女授受不亲，有伤风化。那女子却道："世人都称赞大夫您品德高尚、胸怀坦荡。小女子虽坐在大人怀中，只要大人不生邪念，又有何妨？况且，我若冻死，大人于心何忍？我若冷病，家中老母便无人服侍，大人情何以堪？"柳下惠便不再推辞，让女子在自己的怀中坐下，并用自己的衣服将女子包裹住。寒雨绵绵，一夜未停，柳下惠就怀抱女子，闭目塞听，纹丝不动，不为所乱。天明后，得恩于柳下惠的女子不胜感激，坦言道，人言展大夫是胸怀坦荡的正人君子，果然名不虚传。

且不说，这女子是不是柳下惠的仇家派来陷害他的，单从他坐怀不乱看，可谓经受住了考验，彰显了崇高人品。柳下惠是孔子极力推崇的"七贤"之一，孔子评价他是"逸民"，即避世隐居的贤人。柳下惠与孔子相距约百年，对于这位鲁国先贤，孔子多次在《论语》中谈及他。

在《论语》中，还记载着另一个故事，说把持鲁国朝政的臧文仲，明明知道柳下惠之贤，但不愿意跟他同朝，只举荐他做地方上一个典狱小官，而且还多次罢免他。有人建议柳下惠离开鲁国，另谋高就。柳下惠却回答：

直道而事人，焉往而不三黜？枉道而事人，何必去父母之邦？

大意是说，我以正道（侍）奉人君，如果不能被接受，到哪一国去不会被多次免职呢？而不以正道（侍）奉人君，才能获得官位，那么又何必要离开自己的国家呢？好一个"直道而事人"的柳下惠，如此坦荡胸襟，不因外在环境动摇自己的原则，难怪被孔子尊为先贤。后来的孟子还将柳下惠列为"圣人"之一，称他是"圣之和者"，即随遇而安的圣人。

关于坦荡，孔子有名言："君子坦荡荡，小人长戚戚。"君子光明磊落，心胸坦荡，泰然而自得，坦然而自信，内心没有太多负担，行动和神态显得十分的舒畅安定；小人则心事甚多，患得患失，心理负担很重，行动和神态显得忐忑不安。诗人赵仁彩这样描述"坦荡"之美：

坦荡是春日一望无际的原野，是夏日汩汩流淌的清泉，是秋水长天，是大雪无痕。

坦荡是拂晓时分的万里霞光，是雨后青翠欲滴的远山，是亭亭玉立、香远益清的莲花。

坦荡是海水的沉默，是天空的无言。

坦荡是自然本身，是纷繁复杂的生活底色，是一种最本真的生活姿态。

4. 不为五斗米折腰

陶渊明是东晋大文学家。他出身于一个没落的官僚家庭，其曾祖父是东晋著名的大将军陶侃，但到其父亲陶逸这代，陶家已经败落。尽管如此，陶渊明还是受到了良好的家庭教育，博览群书，养成了不爱慕虚荣、不贪图富贵的高洁品格。义熙元年（405），已过不惑之年的陶渊明在朋友的劝说下，出任彭泽县令。到任八十一天，碰到浔阳郡派遣督邮来检查公务。这个督邮叫刘云，以凶狠贪婪远近闻名，每年两次以巡视为名向辖县索要钱财，都是满载而归，无人敢违逆。县吏劝说陶渊明，穿戴整齐，备好礼品，恭恭敬敬地去迎接督邮。陶渊明叹道："我岂能为五斗米向乡里小儿折腰。"意思是他不会为了县令的五斗米薪俸，就低声下气去向这种小人献殷勤。说完，就收拾行装，离开县衙，辞官回家乡。由于他淡泊功名，为官清正，不愿与腐败官场同流合污，从此过起隐仕生活。

> 非淡泊无以明志，非宁静无以致远。
>
> ——诸葛亮《诫子书》

淡泊，是中国传统士人追求的一种人生境界。儒家以淡泊修身明志，道家则以淡泊超凡脱俗。老子主张"恬淡为上"，透悟人生，过一种淳朴宁静的生活。因此他谆谆教导世人要"见素抱朴，少私寡欲"，不受外在环境的诱惑，从而获得心灵的安顿。达到这种心境淡泊的境界，需要虚与静。老子说：

> 致虚极，守静笃，万物并作，吾以观其复。

大意是，一个人的心灵若能保持极度平静虚无的状态，既不受外界环境的影响，也不被自身欲望所左右，就会体悟到人自身最为淳朴原初的本色。庄子也主张"唯道集虚，虚者，心斋也"。什么叫"心斋"？庄子讲了一个"君子之交淡若水"的故事：

> 君子之交淡若水，小人之交甘若醴；君子淡以亲，小人甘以绝。彼无故以合者，则无故以离。

有一个叫林回的人，逃难时舍弃了价值千金的璧玉，背着婴儿就跑。有人讥笑他，初生婴儿不仅没用，而且是一个很大的累赘，这样做有意思吗？林回解释说："价值千金的璧玉跟我是以利益相合，这个孩子跟我则是以天性相连。以利益相合的，遇上困厄、灾祸、忧患与伤害就会相互抛弃；以天性相连的，遇上困厄、灾祸、忧患与伤害就会相互包容。"况且，君子的交谊淡得像清水一样，小人的交情甜得像甜酒一样；君子淡泊却心地亲近，小人甘甜却利断义绝。大凡无缘无故而接近相合的，那么也会无缘无故地离散。

《庄子》还讲了一个快乐老乌龟的故事：

楚王听闻庄子有才能，派遣使者用厚礼去请庄子入仕，可是庄子却不为所动，依然在河边悠闲地钓鱼。他指着在河滩淤泥里的乌龟，问使者道："这只乌龟是被小心恭敬地供奉在庙堂里好呢，还是在淤泥中自由自在的好呢？"使者回答说后者更好，庄子随后说道："就是这样了，我宁愿像这只乌龟一样，自由自在地在山野里，也不想入朝为官。"所以说，唯有淡泊才能不为名利所束缚，才能安守自身大志，才能保全高洁的人格。

淡泊也是儒家思想的重要组成部分。孔子说："不义而富且贵，于我如浮云。"那些用不仁义的手段获得的财富名利，都不为君子所看重。君子当视钱财如粪土，视权力如草芥，不为权势钱财所累。宋代理学开山祖师周敦颐赞扬"孔颜之乐"说：

> 颜子一箪食，一瓢饮，在陋巷，人不堪其忧而不改其乐。夫富贵，人所

爱也。颜子不爱不求，而乐乎贫者，独何心哉？天地间有至贵至爱可求而异乎彼者，见其大而忘其小焉尔。见其大则心泰，心泰则无不足；无不足，则富贵贫贱，处之一也。

人生天地间，谁都希望过上富足美好的生活，而不希望穷困潦倒。但孔子为什么称赞颜回的思想境界？那是因为颜子拥有崇高的道德理想，成就"大我"而弃"小我"，所以才不会为富贵贫贱而忧虑。

诸葛亮在《诫子书》中有"非淡泊无以明志，非宁静无以致远"的千古名言，成为古往今来无数仁人志士向往的精神境界。淡泊的人生境界，关键在于三个字：静、让、淡。"静"即静以修身，少说话，多倾听。因为言多必失，学会知而不妄言。用现在流行的网络用语来表达，就是"做个安静的美男（女）子"。"让"即忍让、谦让。做人让三分，凡事留有余地。忍一时风平浪静，退一步海阔天空。但忍让也有度，无原则忍让，近于愚，既害自己又害别人。"淡"就是看淡一切，包括名利、金钱、感情，甚至生死。一个人越是看得淡，就越能心灵平静，越能体会平凡的幸福。

三、明礼

1. 不知礼无以立

一日，岳飞的部将牛皋，向一位老者问路，他在马上吼道："呔，老头儿！爷问你，小校场往哪去？"老人不但没有给他指路，反而生气地骂他是个"冒失鬼"。过了一会儿，岳飞也来到这里，他先离镫下马，然后上前施礼："请问老丈，方才可曾见一个骑黑马的？他往哪条路上去了？"老人见岳飞很有礼貌，便耐心地给他指路。同样的问路，得到的却是不同的结果，真可谓"无礼讨人嫌，礼到暖人心"。

> 夫礼，天之经也，地之义也，民之行也。
>
> ——《左传·昭公二十五年》

我国素有"礼仪之邦"的美誉，崇德尚礼是中华民族的传统美德。两千多年前，先贤们就认识到礼仪教化可以"经国家，定社稷，序民人，利后嗣"，对国家、社会、家庭乃至个人都有不可替代的重要作用。孔子也有"不学礼，无以立"的教诲，意思是说，一个人如果不懂得礼，就无法在社会上立足。

那么，到底什么是礼？简单地理解，礼就是"守规矩"。日常生活中的礼仪、礼貌，都属于礼的内容。许慎在《说文解字》中说："礼，履也，所以事神致福也。"这里的礼同"豊"，是祭祀神灵所用之器物，最早是用来代指祭神求福。随着人类社会的发展，礼也逐渐呈现出多种含义，展现出更丰富的精神意涵，不仅包含了我国传统社会生活各个领域的制度和规范，而且还包括了与这些制度和规范相适应的思想观念。

据《论语》记载："颜渊问仁。子曰：'克己复礼为仁。'"孔子所讲的"克己复礼"就是要按照正统的，特别是周代的礼的标准和要求来约束和规范自己的行为。孟子提出：

尊敬之心，礼也，礼立于敬。

对人怀有尊敬的心态，也就是发自内心的尊敬才是真正的礼，这是孟子关于礼的心理学解读，可谓抓住了礼的本质。荀子提出了另一个看法：

食饮、衣服、居处、动静，由礼则和节。

荀子是战国时代的礼学大家，他更加强调日常生活起居的细节，只有在日常生活细节中有礼，才有实际的意义。这跟我们今天的理解更加接近。不过，要真正了解战国的礼文化，还得看《礼记》。

礼，是人区别于动物的标志。《礼记·冠义》说：

凡人之所以为人者，礼义也。

这是说，人之所以被称为人，是因为人在相处中注重礼仪，懂得尊重他人，重情重义。《礼记·曲礼》说：

鹦鹉能言，不离飞鸟。猩猩能言，不离禽兽。今人而无礼，虽能言，不亦禽兽之心乎？夫唯禽兽无礼，故父子聚麀。是故圣人作，为礼以教人。使人以有礼，知自别于禽兽。

如果用会说话来区别人与动物，那鹦鹉和猩猩也会学人说话，但它们仍是动物。动物是不讲礼的，所以，圣人用礼来教化世人，好让世人知道自己与动物是不同的。

古人认为礼是天道在人世间的体现，是"天地之序"。《礼记·礼运》

上说：

夫礼必本于天，动而之地，列而之事，变而从事，协于分艺。

大意是说，礼就是天道在人世间的体现，天道如何，礼就如何。这里体现了"天人合一"的思想。在古人看来，四时有序，万物生长都遵循着天道。而人理应效法天道，动之有序，讲究礼仪。唯有合乎天道，尊礼从礼方能社会大治，和谐有序。

礼，是人一切活动的准则。儒家提倡做人有德，并按照德的要求，制定了一套为人处世的准则，即做人的道理。《礼记·仲尼燕居》说：

礼也者，理也。

这跟《礼记·乐记》说"礼也者，理之不可易者也"是同一个意思。做人道理是什么呢？《礼记·曲礼》有进一步的解释：

道德仁义，非礼不成。教训正俗，非礼不备。分争辨讼，非礼不决。君臣、上下、父子、兄弟，非礼不定。宦学事师，非礼不亲。班朝治军，莅官行法，非礼威严不行。祷祠祭祀，供给鬼神，非礼不诚不庄。

这里表明，礼是人一切活动的准则。教书育人，端正民俗，没有礼就不能做好；诉讼争端，没有礼就不能解决；君臣上下，父子兄弟，没有礼不能维持秩序；外出游学拜师，没有礼就不能亲近；管理国家、治理军队，做官、施行政策，没有礼就不威严；祭祀祖先，供奉鬼神，没有礼就不能诚敬。原来，"礼"之所以称之为"理"，是因为礼是天经地义的。

今天，"明礼诚信"是公民的道德标准，社会主义核心价值观中的"文明""敬业""诚信""友善"都属于礼的范围。推动礼乐教化，对个人道德人格的完善，公民素质的提升，甚至对建设民族共有精神家园都具有重要的现实意义。

2. 敬人即敬己

曾参，春秋末年鲁国人，十六岁拜孔子为师。他学习用功刻苦，待人有礼，为人注重道义，深受孔子的喜欢。有一次，曾参在孔子身边侍坐，孔子问他："以前贤明君主有至高无上的德行和精妙的治国安邦之理，他们用这些来治理天下，教导自己的子民，人民就能安居乐业，和睦相处。全国百姓无论是尊卑还是贵贱，上下关系都很好，君臣之间也很融洽，你能告诉我其中的原因吗？"曾参听到后，并没有坐在原地向孔子回答，而是马上从席子上站起来，缓步走到孔子面前，恭敬地回答："我现在所学的东西还不够，还想不清楚其中的道理，还得请老师您给我指点。"孔子看见曾参这么知礼，满意地点点头，耐心地给他讲解其中的道理。曾参在回答老师问题时，总是会起身，离开自己的座位，以表示对老师尊敬。向老师请教时，总是恭敬地站着，听老师讲解。曾参这种尊师崇礼的举动得到人们称赞，成为后人学习的榜样。

恭敬之心，人皆有之。

——《孟子·告子上》

曾参，是孔子的接班人，被后世尊奉为"宗圣"。实际上，在孔子的学生中间，曾参并不是最有才华的，资历也不是最老的，但孔子最后把孔门的重任交到曾参的手上，这与曾参的恭敬有礼、恪守礼数不无关系。

当时，孔子唯一的儿子孔鲤（伯鱼）已先于孔子去世，孔子的孙子孔伋年纪尚幼。在孔子死后，他的很多弟子都开始自立门派，唯独曾参恭敬地维护着孔子的地位，传承孔门大业，并把孔门的心法，传给了孔子的孙子孔伋。孔伋也就是后来作《中庸》的子思。子思的门人又把孔门的心法传给了孟轲

（孟子），子思与孟子一系，被后人称之为"思孟学派"。

历史上流传的"曾子换席"的故事，出自《礼记·檀弓上》：

曾子寝疾，病。乐正子春坐于床下，曾元、曾申坐于足，童子隅坐而执烛。童子曰："华而睆，大夫之箦与？"子春曰："止！"曾子闻之，瞿然曰："呼！"曰："华而睆，大夫之箦与？"曰："然，斯季孙之赐也，我未之能易也。元！起，易箦！"曾元曰："夫子之病革矣，不可以变。幸而至于旦，请敬易之。"曾子曰："尔之爱我也，不如彼。君子之爱人也以德，细人之爱人也以姑息。吾何求哉？吾得正而毙焉，斯已矣！"举扶而易之。反席，未安而没。

曾参病危，躺在床上。他的徒弟乐正子春坐在床下，儿子曾元、曾申坐在他的身边，一个小童子拿着蜡烛坐在墙角。小童子不太懂事，对垫在曾参身下华丽的席子十分感兴趣，就问："那么华丽的席子，是士大夫才能享用的吗？"乐正子春赶忙说："住嘴。"曾参听见有人讲话，问："说什么呢？"小童子又重复了刚才的问题："那么华丽的席子，是士大夫才能享用的吗？"曾参说："是的。那是季孙（鲁国大夫）送的，我没有来得及换掉它啊。曾元，扶我起来，换掉这个席子。"曾元说："父亲，您现在病得太严重，不要随便移动身体呀，等明天早上好一点，我们再把它换掉吧。"曾参说："你对我的关爱，还不如这小童子。爱护别人也要按照礼的要求，如果无原则地迁就别人，这是小人爱护人的方式。我想要什么你还不知道吗！我能够践行正道而死去，这就足够了！"曾元便扶起了曾参，其他人换好席子，曾参还没等躺好就去世了。

礼节就在细微之处。细节更能凸显人品，细节往往决定着成败。礼在于诚，使自己庄重，也使别人庄重。其实，是否对别人恭敬，本与别人无关，那只是你的人生态度。对每一个人，我们都理当保持恭敬。恭敬别人，就是对自己的行为规范。人要能够把握自己，约束自己，做到了这一点，我们就能够从自己的行为中感受到自身的庄严。

3. 六爻皆吉

京剧大师梅兰芳不仅在京剧艺术上有很深的造诣，而且还是丹青妙手。他拜名画家齐白石为师，虚心求教，总是执弟子之礼，经常为白石老人磨墨铺纸，全不因自己的名气而自傲。有一次齐白石和梅兰芳同到某一人家做客，白石老人先到，布衣布鞋，其他宾朋或西装革履或长袍马褂，他显得有些寒酸，不引人注意。不久，梅兰芳到了，主人高兴相迎，其余宾客也都蜂拥而上，一一同他握手。可梅兰芳知道齐白石也来赴宴，便四下环顾，寻找老师。忽然，他看到了被冷落在一旁的白石老人，就避开别人一只只伸过来的手，挤出人群向白石老人恭恭敬敬地叫了一声"老师"，并向他致意问安。在座的人见状很惊讶，齐白石深受感动，几天后特赠梅兰芳《雪中送炭图》，并题诗道："记得前朝享太平，布衣尊贵动公卿。如今沦落长安市，幸有梅郎识姓名。"

盛满易为灾，谦冲恒受福。

——张廷玉

谦虚是做人的"第一美德"。有些人可能不赞同，中华民族有那么多的传统美德，比如礼义廉耻孝悌忠信，为什么把"谦虚"放在做人的第一位？别急，看看《周易》中"谦卦"你也许就会明白。

《周易》是一部阐述变化之书，虽然源于"卜筮"，但其中所蕴含的很多人生哲理，被后人所推崇。《周易》由卦和爻两部分组成，全书共有六十四卦，每一卦又分成六爻。每一卦有卦辞，每一爻也有爻辞。卦辞和爻辞的作者，历史上众说纷纭，一般认为，六十四卦象为周人所作，重新演绎六十四卦的是文王，卦爻辞为周公所作，孔子作《易传》（又称《十翼》）对《周易》进行解释。卦辞是解释卦的意思，有总纲的作用。爻辞是根据卦意，对该卦中每一爻作的解释。

在《周易》的六十四卦中，第十五卦以"谦"命名。谦卦是六十四卦中最特殊的一卦，唯一一个"六爻皆吉"的卦。卦体中上卦为坤为地，下卦为艮为山。谦卦的结构和卦爻辞见图1。

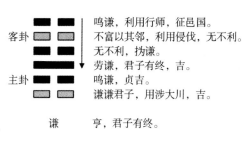

客卦　鸣谦，利用行师，征邑国。
　　　不富以其邻，利用侵伐，无不利。
　　　无不利，扬谦。
主卦　劳谦，君子有终，吉。
　　　鸣谦，贞吉。
　　　谦谦君子，用涉大川，吉。

谦　　亨，君子有终。

图1　谦卦的结构和卦爻辞

卦辞："谦，亨，君子有终。"爻辞："初六，谦谦君子，用涉大川，吉。六二，鸣谦，贞吉。九三，劳谦，君子有终，吉。六四，无不利，扬谦。六五，不富以其邻，利用侵伐，无不利。上六，鸣谦，利用行师，征邑国。"

谦卦卦象上面是坤卦，代表大地，代表卑微恭顺，也代表孕育万物的母体，下面是艮卦，代表高山，代表进取和活力，也代表意气风发的少年。高山深藏于大地之下。谦卦的卦意为谦让，为亨通之道，是君子所应终身奉行的美德。各爻意分别为：初六爻是说谦让有加的君子，能够像涉过大河那样克服一切困难，获得吉祥；六二爻是说谦让的美德广布四方，固守中正可获得吉祥；九三爻是说勤劳而谦让，恭以侍上，谦以待下，君子把谦让守礼当作终身奉行的行为准则，必然会获得吉祥；六四爻是说没有什么不利，奋勇向前而又谦让。六五爻说，不以外在财富，而是以内在品德赢得众人拥戴，天下归心，可以动用威武之师出征讨伐，无所不利；上六爻是说谦虚的美德广布四方，有利于征伐那些不安分的封地。

为什么谦卦是"亨通"呢？孔子解释说：

谦亨，天道下济而光明，地道卑而上行。天道亏盈而益谦，地道变盈而流谦，鬼神害盈而福谦，人道恶盈而好谦。谦尊而光，卑而不可逾，君子之终也。

因为谦让就是事物的本性，所以才能亨通。譬如天的本性是覆盖大地，用光明普照大地，周济万物；地的本性是承载万物，滋养万物生长。天的本性是要使盈者亏损，而补偿不满者；地之本性也是要使盈者溢出，而流向不盈的一方；鬼神的本性也是损害盈满者，而福荫那些空虚者；人的本性也是讨厌满盈者，而喜好不满者。谦让的人能够高居尊位，他们的德性能够得以彰显，这是普通人很难达到的，只有君子才能终身保持。

从卦爻辞不难发现，周公用这一卦专门讨论谦让这一道德品质。从孔子所作的《象传》中可以看出，具有谦让品德的人，才受到天地、鬼神和人的青睐，才能身居尊位，其道德思想才能大放光芒。谦卦提倡的是谦逊忍让，人只有谦逊忍让才能万事吉利。谦让有礼，不仅体现在人外在的言行举止上，更加体现在人内在自知之明上。孟子说："辞让之心，礼之端也。"人有了谦让之心，也就能够做到彬彬有礼了。

《尚书》有云："满招损，谦受益。"谦让做人、谦让做事，识大体、顾大局，采取适度的谦让态度和低调的姿态，不失为一种做人的智慧。谦让是一面镜子，它可以照出一个人的修养、品德、风度，同时也折射出社会文明的程度。

4. 祸从口出

官渡之战时，许攸脱离袁绍而投奔曹操，并给曹操献计谋打败袁绍，平定了冀州。在那次战斗中，许攸立下大功，曹操对他加官晋爵，厚加赏赐。自那次以后，许攸仗着有功劳而目中无人。曹操统领众将入冀州城，将入城门，许攸纵马近前，用马鞭指着城门，喊着曹操的小名说："阿瞒，如果不是我，你怎么能入这个城门？"曹操大笑。众将闻言，俱怀不平，怒视许攸，但许攸不觉。一天，许褚骑马进冀州东门，正好碰见许攸。许攸叫住许褚，又说："你们如果不靠我，能进这个门吗？"许褚大怒说："我们出生入死，众将士用生命夺得城池，你怎敢夸口？"许攸骂道："你们这些匹夫，懒得和你们说！"许褚一怒之下，拔剑杀了许攸。

> 白圭之玷，尚可磨也；斯言之玷，不可为也。
>
> ——《诗经·大雅·抑》

许攸在军事方面是个人才，但在如何为人方面却极不明智，以至于祸从口出，落得个身首异处。在历史上，因没有慎言而招致杀身之祸者，数不胜数。单看三国时期，除了上面提到的许攸，还有好几位，皆因祸从口出而丢了性命。

最广为人知的当属祢衡。祢衡字正平，平原郡（今山东德州临邑德平镇）人，是三国时期有名的辩才，但为人恃才傲物，喜欢讥讽别人。祢衡和孔融是好友，孔融把祢衡推荐给丞相曹操，希望能与好友一起为国家效力。和曹操见面的当天，祢衡看不起曹操，就称病不去。曹操很生气，就封他做鼓手，想以此来羞辱他，谁想到反被祢衡裸身击鼓而羞辱。

一次大宴宾客的时候，祢衡赤身裸体敲鼓。一边敲，还一边大骂曹操，并把曹操身边的众谋士、武将，都数落得一无是处。逐一数落了众人后，祢衡开始自我吹捧，说自己"天文地理，无一不通；三教九流，无所不晓；上可以致君为尧、舜，下可以配德于孔、颜。岂与俗子共沦乎！"对这个目空一切的狂徒，曹操本来想杀之而后快，但又怕背上"不能容人"的恶名，加之有爱惜祢衡才华之意，就把他引荐到荆州牧刘表处。在刘表处，祢衡觉得自己仍然没有受到应有的尊重，于是又骂骂咧咧，刘表只好把他引荐到江夏太守黄祖处。在黄祖处，祢衡也没有安分几天，老毛病又犯了，稍有不顺心，就见谁骂谁。黄祖性情急躁，一下没有忍住，就命人结束了祢衡的性命。平心而论，祢衡有才华，理应获得尊重，但他狂傲自大，经常口出狂言，让人无法忍受，他被杀时年仅二十六岁。

还有聪明反被聪明误的杨修。杨修，字德祖，司隶部弘农郡华阴（今陕西华阴）人，太尉杨彪之子，是三国时期有名的文学家。在初任曹操主簿（秘书）的时候，为曹操所信任，据《三国志·曹植传》记载："修年二十五，以名公子有才能，为太祖所器。"并且，杨修才能也被肯定，"是时，军国多事，修总知外内，事皆称意。自魏太子以下，并争与交好"。但正是这样一个聪明有才能，又被器重的杨修，最后却为曹操所杀，原因就是犯了抖机灵、不谨言的毛病。

一日，塞北给曹操送来一盒酥饼，曹操吃了一口觉得不错，就提笔在盒子上写"一合酥"三个字，放于案头。杨修与众人找曹操商议国事，曹操不在，杨修发现案上写着"一合酥"的盒子，就打开一人一个将酥饼吃完了。曹操回来后不悦，杨修忙说："丞相，您盒上明明写着'一人一口酥'嘛（古人竖着写字），我们岂敢违背您的命令呢？"曹操虽然转怒为喜，但心里开始讨厌杨修。杨修参与夺嫡，让曹操对他起了杀心。一次，曹操出题想试试自己的两个儿子的才能，看看谁能做自己的继承人。杨修与曹植交好，暗中把考题透露给曹植，结果被曹操发现了。曹操勃然大怒，从此，便有心要杀杨修。

真正让曹操对杨修痛下杀手的是"鸡肋的故事"。话说，刘备亲率大军攻打汉中，曹操也率四十万大军迎战。曹、刘两军在汉水一带对峙。曹军远离中原，屯兵日久，进退两难。一日，厨师炖鸡，给曹操端去一碗鸡汤。曹操一饮而尽后，发现碗底有鸡骨头，有感于怀。正在这时，夏侯惇进来，请曹操告知夜间的军中暗号，曹操随口说："鸡肋！鸡肋！"杨修听见后，便吩咐随行军士们收拾行装，准备回程。夏侯惇也相信，吩咐打点行装。曹操知道后，怒斥杨修谣言惑众，扰乱军心，便把杨修给杀了。

慎言慎行是正道。正如墨子有言："慧者心辨而不繁说，多力而不伐功，此以名誉扬天下。"聪明人心如明镜，不会多言语；能干实事的人，不邀功争赏。做人切勿恃才傲物，可以有傲骨，不可有傲气。切勿信口开河，警惕祸从口出。

5. 三思而后行

楚国有个臣子叫费无忌，为人奸佞。任太子少傅时，因没有得到太子建信任，怀恨在心，一心想除掉太子建。楚平王二年（公元前527年），平王派费无忌到秦国为太子建迎娶秦国女子为妻。费无忌见秦国女子长得很美，就鼓动平王强占之，平王贪恋美色，就自己娶了秦女。此后，平王渐渐地疏远了太子建。楚平王六年（公元前523年），平王派太子建守卫边疆。费无忌仍不忘中伤太子建，向平王说："太子建驻守边关，掌握兵权，又积极和诸侯国交好，是不是因为您抢了原本属于他的妻子，他这是要造反呀！"平王听信费无忌的谗言，要召回太子建杀掉他。太子建得知消息后，逃亡到宋国。这期间，太子建的太傅伍奢，劝告平王，不要听信小人谗言，而残害自己的亲生儿子。费无忌知道后，施诡计，让平王把伍奢关了起来，还向平王提出要斩草除根，把伍奢两个儿子从国外招回来一起杀掉。大儿子伍尚回来，而小儿子伍子胥逃走了。平王死后，平王的弟弟令尹子常杀死了费无忌，百姓们都非常高兴。

> 仰不愧天，俯不愧人，内不愧心。
>
> ——韩愈《与孟尚书书》

楚平王任用奸佞小人，听信谗言，做决定之前，没有三思而行，残害自己的儿子和贤臣，是个昏君；费无忌做事情不讲道义，只知道中伤别人，没有谨慎行事，到头来只落得个身首异处、宗族被诛的下场。费无忌乱楚的故事出自《吕氏春秋·慎行篇》。本篇有一段名言：

> 行不可不孰。不孰，如赴深溪，虽悔无及。君子计行虑义，小人计行其利，乃不利。有知不利之利者，则可与言理矣。

它告诫人们，做事不可不深思熟虑。不深思熟虑，就会像水奔向深谷，即使后悔也来不及。君子谋划行动时会考虑是否合乎道义，小人谋划行动时只看重利益，结果反而会不利。如果懂得"不求利即为大利"，那么就可以跟他谈论道义了。其实，慎行不是畏手畏脚，瞻前顾后，而是行动之前考虑周全，并且以行为合乎道义为准则，这样就没有什么可后悔的了。

谨慎行事，凡事三思而后行。慎行的关键点，应该是"慎"。清代"中兴名臣"曾国藩就是"慎行"的典范。按照曾国藩的理解，慎行即是：

> 慎者，心则敬畏，而言则退让也。

怀敬畏之心，讲谦逊之言。曾国藩还作有《慎字箴》和《书赠仲弟六则·慎》，进一步阐述"慎"的内涵。在《慎字箴》中他把"慎"字理解为"战战兢兢，死而后已，行有不得，反求诸己"。为人处世的时候一定要小心谨慎，死了以后才罢手。遇到挫折困难或人际关系处理不好时，应该从自身找原因。在《书赠仲弟六则·慎》中，对"慎"作出解释的同时，还分析了如果"不慎"会有何种后果。

古人曰钦、曰敬、曰谦、曰谨、曰虔恭、曰祗惧，皆慎字之义也。慎者，有所畏惮之谓也。居心不循天理，则畏天怒；作事不顺人情，则畏人言。少贱则畏父师，畏官长。老年则畏后生之窃议。高位则畏僚属之指摘。凡人方寸有所畏惮，则过必不大，鬼神必从而原之。若嬉游、斗牌等事而毫无忌惮，坏邻党之风气，作子孙之榜样，其所损者大矣。

曾国藩认为先哲们说的钦、敬、谦、谨、虔恭、祗惧都是"慎"字的意思表达，还把"慎"解释为有所敬畏、忌惮。内心存天理，就不会畏忌上天的惩罚；做事讲礼法，就不会畏忌别人的议论；年少时、身份低微时，畏忌父母、老师、长官；年老的时候，畏忌后辈们的背后议论；身居高位时，畏忌同僚们的指责。但凡有畏忌之心的人，所犯的错误都不会太大，神明先祖们也会原谅他。如果做人做事都毫无顾忌、肆意妄为，损坏了良好的社会风气，也给子孙们做了坏的榜样，那损失就太大了。

可见，曾国藩把"慎"作为遵循天理、避免天怒人怨的关键，而"不慎"则为伤身害己、伤风败俗、贻害子孙的本源。极力主张平时修身"宜从畏慎二字痛下功夫"，处事上"以谨言慎行为要"。简言之，就是谨慎行事。

"战战兢兢，如临深渊，如履薄冰"，这句出自《诗经·小雅》中的名句，在后世广为流传。孔子说过"其身正，不令而行；其身不正，虽令不从"，告诫当政者要谨慎行事，端正自己的品行。如果品行端正了，即使不发布命令，老百姓也会去实行，若自身不端正，即使发布命令，老百姓也不会服从。无论是修身还是治国，慎行都是至关重要的。所以，谨言慎行，三思而动，方能无过亦无咎。

四、智慧

1. 鸿鹄之志

秦朝末年，统治者昏庸无道，不断搜刮民脂民膏。百姓不仅要缴纳沉重的赋税，还要服繁重的徭役，生活在水深火热之中。有一个名叫陈胜的人，家境贫寒，以替人种地为生。他深知生活的艰辛，便暗下决心，一定要改变这种局面。一天，他和别人一起在田间劳作。休息时，大家聊的都是生活的苦痛和对未来的失望，他对大家说："如果哪天谁发达了，一定不要忘记曾经一起受苦的人啊！"其他人笑着回答说："你是个替人种地的，自己的地都没有，哪来的富贵呀？"陈胜长叹一声说："燕子和麻雀怎么会知道大雁远大的志向呢？"后来，胸怀大志的陈胜，揭竿而起，成为秦末农民起义的领袖之一。

> 有志者，事竟成。
> ——《后汉书·耿弇传》

立志是做事业的根本。孔子说"三军可夺帅也，匹夫不可夺志也"，把人的志向看得比三军统帅还要重要。但人各有志，有小人之志，有君子之志。汉代荀悦说："为世忧乐者，君子之志也；不为世忧乐者，小人之志也。"每个人的志向不一样，有的志向远大，心怀天下；有的却目光短浅，但求自利。因此有君子和小人的区别。

　　我们并不能鄙视那些把实现个人利益或者个人幸福作为志向而奋斗的人。有人为生存而劳碌，有人为发财而奋斗，也有人为功名而夜以继日。对于那些为知书明理、为挣钱或者为了不受欺侮而读书的志向，我们也应当予以肯定。每个人都有追求幸福的权利，所以他们立下的让自己未来变得更好的、正当而不危害他人的志向，都是值得尊重与鼓励的。只有那些为了实现自己的私利，不择手段危害他人、社会和国家的做法，才为人所不齿。

　　但凡古之圣贤，皆有大志，如孔子有"老者安之，朋友信之，少者怀之"之志，孟子有"穷则独善其身，达则兼济天下"之志。唯有那些怀有"致君尧舜上，再使风俗淳"的鸿鹄之志的人，方能成就一番伟大的事业。民国学者龙梦荪在其所著的《曾文正公学案》一书序言中，对成就"三不朽"事业的曾国藩有这样的评价：

　　故困知勉行，力追前哲；特立独行，自拔流俗。虽极人世艰苦之境，而曾不少易其心。虽遇千挫百折之阻，亦不足以夺其志。真者必信，而不为外界所移。妄者必不信，而不为古人所欺。

　　曾国藩志向非凡，即使受尽挫折，尝尽疾苦，也不改初心。立大志，成大业，这正是他的过人之处。

　　道光二十四年（1844），曾国藩为京官时作了一篇《立志箴》，其文曰：

　　煌煌先哲，彼不犹人。藐焉小子，亦父母之身。聪明福禄，予吾者厚哉！弃天而佚，是及凶灾。积悔累千，其终也已。往者不可追，请从今始。荷道以躬，舆之以言。一尚息活，永矢弗谖。

　　大意是说，那些成大事者皆为凡身肉胎。我虽不才，也是父母所生。聪明才智福气官位，上天已经待我不薄了。如果违背上天给予的责任，而贪图享乐，那么凶灾也会很快到来。虽然心中有千万的懊悔，但都过去了。过去种种就让它过去吧，从当下开始，我将身体力行，为正道而奋斗。一息尚存，决不食言。

曾国藩立下的是传统的"君子之志"。这是古往今来无数士人的梦想。道光二十二年（1842）十月二十六日，曾国藩在写给诸位弟弟的家书中提道：

君子之立志也，有民胞物与之量，有内圣外王之业，而后不忝于父母之所生，不愧为天地之完人。

曾国藩说君子的志向，应当有包容万物的气概，有内圣而外王的事业，这样才不愧对父母的养育之恩，才真正算得上天地间完美无缺的人。可见其志向之宏大，目标之明确。道光二十五年（1845），曾国藩在给好友刘蓉的回信中，对志向做了更加细致的说明：

故凡仆之所志，其大者盖欲行仁义于天下，使凡物各得其分；其小者则欲寡过于身，行道于妻子，立不悖之言以垂教于宗族乡党。其有所成与，以此毕吾生焉。其无所成与，以此毕吾生焉。

广施仁义，造福百姓，恩泽万物，是治国平天下；改过自新，和睦家族，惠及妻儿子女，是正心诚意，修身齐家。既有远大的目标，又把它落实到日常生活的细微之处，能不断完善自己，终成"千古一完人"。曾国藩的名字"国藩"，取国之藩篱之意，致力于成为国家栋梁；号"涤生"，寓意涤旧而生新，这也足以见得他的志存高远。曾国藩能够终成"千古一完人"，绝非偶然，当肇于立志，行于事功，正所谓"有志者，事竟成"。

2. 敏而好学

孙康，晋代京兆（今河南洛阳）人，官至御史大夫。自幼酷爱学习，常常感到时间不够用。他想夜以继日地读书，可家中贫穷，没钱购买灯油。一到天黑，便没有办法读书。特别到了冬天，长夜漫漫，他辗转难眠。一天半夜，孙康从睡梦中醒来，把头侧向窗户时，发现从窗外透进几丝白光。他开门一看，原来下了一场大雪，忽然心中一动：映着雪光，可否读书呢？他急忙跑回屋里，拿出书来一看，果然字迹清楚，比昏黄的小油灯要亮堂得多。于是他立即穿好衣服，取出书籍，在雪地上看了起来。孙康不顾寒冷，孜孜不倦地看书，手脚冻僵了，就起身跑一跑，搓搓手指。整个冬天，他夜以继日地读书，不怕寒冷，也不感到疲倦，常常一直读到天亮。功夫不负有心人，孙康砥砺求进，终于成为一位很有名望的学者。

发奋识遍天下字，立志读尽人间书。

——苏轼

"囊萤映雪"是赞扬古人刻苦读书的两个典故。上文孙康借助雪光苦读是其中之一。而"囊萤"指的是车胤晚上借萤火虫之光而勤学的故事。

和孙康一样，车胤从小家境贫困，没有多余的钱买灯油供他晚上读书。为此，他只能利用白天的时间背诵诗文。一个夏天的晚上，他正在院子里背一篇文章，忽然看见许多萤火虫在低空中飞舞。一个念头闪过：把许多萤火虫集中在一起，不就是一盏灯吗？于是，他找了一块白绢，做成口袋，抓了几十只萤火虫放在里面，再扎住袋口，把口袋吊起来。虽然不怎么明亮，但可勉强用来看书。从此，夏天的夜晚，只要有萤火虫，他就会抓一把来当灯用。他刻苦学习，后来终有成就，也成为一个了不起的大人物。

古有书香门第，亦有耕读传家。但凡为学不倦、事业有成的人，常名留青史，如凿壁偷光的匡衡、悬梁刺股的孙敬和苏秦、狱中求学的黄霸、积叶成书的陶宗仪、倾囊买书的焦循等等，都是好学的典范。但是，并非一味读书，就能够学有所成，还得讲究方法。中国古代第一个伟大的教育家孔子就自称是"敏而好学"的人，他的好学善学体现在以下四个方面。

一、志向坚定

孔子曾自述："吾十有五而志于学，三十而立，四十而不惑，五十而知天命，六十而耳顺，七十而从心所欲不逾矩。"很多人觉得这没有什么了不起，我们现在有人十五岁就上了大学，孔子那个年龄才重视读书。注意，孔子说的是自己从十五开始"有志于学"，不是听父母的安排，也不是为老师学习，而是立志于成就崇高的事业，从此永不放弃。因为一直都在学习，才有了后面的"而立""不惑""耳顺""从心所欲不逾矩"。可见，他的学习志向是坚定的，活到老、学到老。孔子和他的学生子路谈"六德六弊"时，说了一段发人深省的话：

好仁不好学，其蔽也愚；好知不好学，其蔽也荡；好信不好学，其蔽也贼；好直不好学，其蔽也绞；好勇不好学，其蔽也乱；好刚不好学，其蔽也狂。

孔子讲过很多德行，其中就有仁、知（智）、信、直、勇、刚等"六德"，但孔子认为，如果缺乏学习，"六德"也会走偏，变成"六弊"。可见，好学是君子成才的必要条件。

二、动机单纯

孔子说："古之学者为己，今之学者为人。"真正的学习在于增加自己的学识，修养自身的品德。有的人却将学习用于自我炫耀，把学来的知识当作炫耀的资本，这是不可取的。那孔子的学习目的是什么呢？就是"志于道"，他曾说：

志于道，据于德，依于仁，游于艺。

以"道"为志，以"德"为根，以"仁"为本，以"艺"为用，这才是学习的目标。而道德仁艺四个方面，以"道"为最高，以才"艺"为末，不能本末倒置。

士志于道，而耻恶衣恶食者，未足与议也。

学习的目的在于获得圣人之道，假若只是为了自己能功成名就，或是为光宗耀祖，或是为过上锦衣玉食的生活，都不是"志于道"的内容。孔子一生都在为道而学，为道而教，求学的目的是那样专注和单纯。

三、态度诚恳

古希腊哲学家苏格拉底有句名言："你是以不知为知，我是以不知为不知。"他提醒人们要认识自己的无知。这与孔子所说的"知之为知之，不知为不知，是知也"异曲同工。孔子教导他的学生，知道就是知道，不知道就是不知道，这才是正确的学习态度。如果不知道，就要向别人虚心请教。"三人行，必有我师"，不仅要向知识渊博的人请教，而且要向普通人请教。

孔子的弟子樊迟来向他请教稼圃，因为不在行，孔子干脆直接回答"吾不如老农""吾不如老圃"。孔子一生都做到了"敏而好学，不耻下问"，从来不以向地位比自己低、学识比自己差的人请教为耻。孔子时常感叹"后生可畏"，认为从弟子、小辈身上也能学到很多东西。他"见善如不及，见不善如探汤"，对于好人好事，见贤思齐，争取赶上，碰到坏人坏事，就像手碰到开水一样，马上弹开。

四、方法灵活

俗语说："尺有所短，寸有所长。"孔子主张学习的方法要灵活多样，不必泥古不化。他既提倡"三人行，必有我师焉。择其善者而从之，其不善者而改之"，学习别人的优点，改正自己的缺点；又主张"学而不思则罔，思而不学则殆"，学得太少，想得太多不好，学了很多，不加思考，也是白学，只有学思结合，才能学有所得。孔子还主张从实践中学习，并非只是学习课本知识，更重要的是在学习中，能够通过见贤思齐、自我反省从而实现自我道德人格的完善。

3. 一勤天下无难事

道光五年（1825）的一个晚上，夜深人静，父母兄弟们都已睡觉，少年曾国藩还在读书，对一篇文章反复朗读，希望将文章背诵下来，可是老是背不下来。他也挺倔强的，背不出来就不睡觉，只好一遍又一遍地朗读，一次一次地尝试着背诵。在刚入夜的时候，就有一位"梁上君子"悄悄地潜入他们家，一直躲在房梁上，希望这家人能早早睡觉，下来偷点东西，可是等呀等呀，曾国藩就是不睡觉，还一直反复诵读那篇文章，不能背诵。贼人耳朵都快磨起茧了，大怒，从房梁上跳下来，指着曾国藩大骂："就你这水平，还学人读书！"按下来将那篇文章流利地背诵了一遍。此时的曾国藩已是目瞪口呆了，贼人轻蔑地看了一眼还在发呆的曾国藩，打开大门扬长而去。

天下古今之庸人，皆以一惰字致败；天下古今之才人，皆以一傲字致败。

——《曾国藩家书》

在生活中，我们常常惊叹所谓"天才"的成就，为自己的"平庸"感到十分沮丧。有时候甚至觉得，自己尽了最大努力，做出来的成绩还不如那些有天赋之人的"一顿饭工夫"。事实并非如此简单。知乎上有句被点赞过很多次的话揭露了真相：大多数人努力程度之低，根本轮不到去拼天赋。我们常以为自己已经很努力了，其实只是付出了一点点而已。世上真正的"天才"只有极少一部分，可是为什么大家还是有那么大的差距呢？绝大部分的原因只是在于自身的努力程度罢了。曾国藩与"梁上君子"的故事说明：无论这个小偷如何聪明，天赋如何高，但他不用在正道上也是枉然；而曾国藩却能下"笨功夫"，知耻而勇，奋发图强，通过不懈努力，终于成就了"三不朽"的功业。这也验证了他一生的座右铭——"一勤天下无难事"。

　　勤勉，即勤奋刻苦，坚持不懈。"勤勉"一词常见于古文中，在《国语·楚语上》有云："恭敬以临监之，勤勉以劝之。"《荀子·富国》篇云："奸邪不作，盗贼不起，化善者勤勉矣。"荀子说一个国家之内，没有犯上作乱的阴谋，没有强盗小偷的兴起，这都是官员们勤劳不懈治理的结果。

　　"勤勉"是人们通向成功的一大法宝。"废寝忘食""夜以继日""闻鸡起舞"这些成语都与"勤勉"有关。古人因"勤勉"而取得成功的比比皆是，如王羲之与"墨池"、司马迁与《史记》、李时珍与《本草纲目》等等。所以，才有"业精于勤""勤能补拙""天道酬勤""书山有路勤为径，学海无涯苦作舟"等数不胜数的描写"勤勉"的名言警句。唐代文学家韩愈，专门做了一篇《进学解》，我们耳熟能详的成语"业精于勤"，就是出自此文：

　　业精于勤，荒于嬉；行成于思，毁于随。方今圣贤相逢，治具毕张，拔去凶邪，登崇畯良。占小善者率以录，名一艺者无不庸，爬罗剔抉，刮垢磨光。盖有幸而获选，孰云多而不扬。诸生业患不能精，无患有司之不明；行患不能成，无患有司之不公。

　　很多人以为这段话是关于读书做学问的，其实，韩愈在这里说的不完全是做学问，也有说"事业"和"工作"上的勤勉精准。大意是说，学业的专精出于勤奋，而荒废毁于玩乐；德行由于独立思考而有所成就，由于因循随俗而败坏。当前圣君与贤臣相遇，各种法律全部实施，除去凶恶奸邪之人，提拔优秀人才。具有一点长处的都录取，拥有一种才艺的人没有不被任用的。选拔优秀人才，培养造就人才。只有才行不高的侥幸被选拔，绝无才行优秀者不被知道。诸位学生只要担忧学业不能精进，不要担忧主管部门官吏不明察；只要担心德行不能有所成就，不要担心主管部门官吏不公正。

　　古人有云："不劳而获黄粱梦。"此语同于今天的"天下没有免费的午餐"。立学与立业都不是等来的，是用不间断地勤奋努力换来的。如逆水行舟，不进则退，随随便便，嬉笑玩乐，不刻苦不勤勉，最终只能是一事无成。

清朝文人钱德苍在重辑《解人颐》时，收录一首劝人勤勉的《勤懒歌》，词云：

为人在世莫嗜懒，嗜懒之人才智短。百事由懒做不成，临老噬脐悲已晚。士而懒，终身布衣不能换；农而懒，食不充肠衣不暖；工而懒，积聚万贯成星散。又不见，人生天地惟在勤，原勤之本在乎心。若能自强而不息，先须抖擞己精神。士而勤，万里青云可致身；农而勤，盈盈仓廪成红陈；工而勤，巧手超群能动人；商而勤，腰中常缠千万金。噫嘻噫嘻复噫嘻，只在勤兮与懒兮。丈夫志气掀大地，拟上百尺竿头立。百尺竿头立不难，一勤天下无难事。

这首诗歌劝诫世人千万不要懒惰，懒惰的人既没有能力也没有智慧。年轻的时候懒惰，什么事都做不好，到老了后悔不及，但为时已晚。读书的人懒惰，一辈子没有什么出息；种地的人懒惰，将会缺衣少食；做工的人懒惰，就算有万贯家财也会被败光。人的一生最重要的就是勤奋，而勤奋的关键就在自己的心。如果想要自强不息，先要抖擞自己的精神。读书的人勤奋了，仕途一定会平步青云；种地的人勤奋了，丰收的粮食一定会堆满谷仓；做工的人勤奋了，手艺一定会超群；经商的人勤奋了，家里一定会有万贯家财。总而言之，只要勤奋，天下就无难事。

习近平主席在同全国劳动模范代表座谈时，也引用过"一勤天下无难事"的名句。人同此心，心同此理，古今相通。成大业者必勤勉。所谓一分耕耘，一分收获。愿我们都做一个勤勉之人，不光要立在百尺竿头，而且还要懂得更进一步。

4. 生于忧患，死于安乐

李自成，原名李鸿基，明朝末年农民起义领袖，杰出的将领。他于崇祯二年（1629）起义，先为闯王高迎祥部下的猛将，后于襄阳称王。1644年正月，李自成建立大顺政权，年号永昌，同年攻克北京，推翻了明王朝。闯王攻入北京后，认为天下已定，大功告成，放松了对手下的约束，纵容手下在北京城为非作歹，烧杀抢掠。那些打天下时叱咤风云的将领，现在只图在京城中享受安乐。李自成也想早日称帝，把辽东的清兵给忘在脑后，不能居安思危。军师牛金星也做着宰相梦，没有及时劝谏。各军的将领都忙着建造府邸。没想到，吴三桂"冲关一怒为红颜"，竟然引清兵入关，山海关外一场大战，起义军被清军和吴三桂的联军打败，自此一蹶不振。

> 人无远虑，必有近忧。
>
> ——《论语·卫灵公》

李自成攻入北京城后的所作所为，注定了他会走向失败。而那些骁勇剽悍的八旗子弟，为什么也和李自成的"大顺军"一样，后来也变得不堪一击？后人尽管可以找出一万个失败的理由，但是有一点是肯定的：有了富足、舒适的生活之后，就沉溺于安乐享受之中，失败和灭亡也就随之而来。古往今来有多少英雄豪杰在这方面犯错，印证了孟子的那句名言"生于忧患，死于安乐"。

越王勾践"卧薪尝胆"打败吴王夫差的故事，还得从越王勾践被吴王夫差打败并为奴三年说起。公元前497年老越王允常去世，其子勾践继位。因为吴越争霸，吴国起兵攻打越国，吴国军队在伍子胥的训练下整齐严肃，勾践见阵列战毫无胜算，就派出敢死队冲锋，直接进攻带领吴军的吴王阖闾。但是冲锋队也失败了，勾践只能选择偷袭。偷袭中，越将灵姑浮刺伤了吴王阖闾，吴军败退。阖闾在归途中去世，其子夫差继位，越国乘机攻占吴国许多城池。夫差为报父仇，派专人侍立宫门口，每逢夫差出入时，便说："夫差，越王杀害你父亲的仇你忘了吗？"夫差回答："不敢忘！"终于在公元前494年，打败越军，迫使越国臣服，为了羞辱勾践，夫差让他到吴国为奴三年。

勾践按照夫差的要求，去吴国为奴，服侍夫差。给阖闾看坟，给夫差喂马，还给夫差脱鞋，服侍夫差上厕所，受尽嘲笑和羞辱。但勾践顽强忍耐，隐藏志向，三年苦役结束后，吴王就让勾践回国了。之后便有了勾践的卧薪尝胆，励精图治。再看吴王夫差这边，夺得霸主之位后，便开始了骄奢淫逸的生活，兴建宫殿，耗费吴国的人力、物力与财力。不听忠言，任用小人，无视伍子胥灭掉越国的建议，甚至听信伯嚭，杀死了对吴国有大功的伍子胥，并且沉迷于越王勾践送来的美女西施，不理国事。公元前482年，越王趁夫差去黄池会盟，成功偷袭吴国，吴国只好求和。后来越国再次起兵，灭掉吴国，夫差自杀身亡。

夫差在得胜之后，过起了骄奢淫逸的生活，全然把为父报仇、励精图治的信念丢掉了，沉溺于安逸的生活里，一步步走进勾践设下的陷阱，最终落得个抱憾自杀的下场。历史证明，没有"忧患意识"迟早会出问题。

《菜根谭》有言：

处富知贫，居安思危。处富贵之地，要知贫贱的痛痒；当少壮之时，须念衰老的辛酸。

当你身居权贵显赫之位时，要了解贫贱人家的痛苦才行；当你正值青壮年时，必须想到年老时的悲哀。为什么呢？因为富贵之时，要知道贫贱的滋味不好受，才会珍惜眼前的事业和幸福，认真做事，不稍懈怠。遗憾的是有的人身处富贵之乡而不知珍惜，骄纵放任，结果白白毁掉了幸福基业，追悔莫及。少壮之时，要知衰老之时的艰难，珍惜时光，发奋努力，否则一生一事无成，老来不堪回首空悲切。一个人要爱惜生命，珍视幸福，珍惜机遇，多为将来考虑。

温室里的花朵是经不起日晒雨淋的，人也是如此，安逸的生活很容易消磨意志。人生如逆水行舟，不进则退。若是安于现状，不思进取，迟早会被时代淘汰。安逸享受往往是堕落的开始，忧愁祸患可能是催人奋进的精神食粮。"宝剑锋从磨砺出，梅花香自苦寒来"，只有经历过忧患和磨难，才会逐渐迈向成功。

5. 君子慎独

宋元之际，世道纷乱。一天，学者许衡赶上大热天外出办事，沿途无水，渴得嗓子直冒烟。正巧途经一处，路口有一棵梨树，树上挂满了水灵灵的熟梨子。行人见后一窝蜂地去摘梨子解渴，唯独许衡不为所动。有人不解地问他："你怎么这么傻，不去摘几个梨子来解渴？"许衡淡淡地回答："不是自己的梨，怎么可以随便乱摘呢？"路人都笑他太死板太迂腐："世道这么乱，谁知道这是谁家的梨？说不定这梨树已经没有主人了。"许衡郑重其事地告诉他们："梨虽无主，我心有主。"

> 内不欺己，外不欺人，上不欺天，君子所以慎独。
>
> ——金缨《格言联璧》

人生在世，难免会遇到种种诱惑，如名利、金钱、财物、美色等等，如何在这些诱惑面前不动心，做到视名利如草芥，视钱财如粪土，视美色如浮云。这说起来容易，做起来难，没有良好的心态、不屈的信念、强大的定力、高尚的道德修养，是很难做到的。"慎独"就是一个重要的方法。

慎独，是儒家推崇的君子品格，在《大学》《中庸》这两部儒家经典中都提到过。《大学》上说：

> 所谓诚其意者，毋自欺也。如恶恶臭，好好色，此之谓自谦，故君子必慎其独也。

儒家认为，"诚意"是修身的第一步，也是至关重要的一步，如果做不到意念诚实，那就无法正心，无法正心，修身齐家治国平天下就像是空中楼阁。做到诚意，就要如同讨厌恶臭、喜爱美色一样，不要自我欺骗，所以说君子在独处之时也应小心谨慎。《大学》说的"慎独"，也就是君子在独处、无人监督的时候，也能够做到对得起自己。《中庸》解释说：

> 是故君子戒慎乎其所不睹，恐惧乎其所不闻。莫见乎隐，莫显乎微，故君子慎其独也。

作为君子，哪怕在别人看不见的地方，别人听不到的地方，都要谨慎警惕、小心注意。不自欺，也不欺人，毫不懈怠。能做到这样，才算得上是坦荡荡的真君子。

> 小人闲居为不善，无所不至；见君子而后厌然，掩其不善，而著其善。人之视己，如见其肺肝然，则何益矣。此谓诚于中，形于外，故君子必慎其独也。

诚实就是不自我欺骗，要像讨厌污秽那样讨厌邪恶，要像喜爱美色那样喜爱善良，毫无做作，自然而然。这便是君子的慎独。而小人不一样，在闲居独处的时候，是什么坏事都做得出来的。他们见到君子却又躲躲藏藏，企图掩盖他们所做的坏事，而装出一副从没做过坏事的模样，让别人觉得他们也是君子，彰显自己有高尚的道德。但是，明眼人一定看得清，就像能看清他们的五脏六腑一样，那些小人掩盖所做的坏事又有什么意义呢？这就是说，人内心中有什么样的德性，从言行举止就能看出来。所谓"举头三尺有神明"，君子时刻都会谨慎，不要认为仅仅是一个人，别人就不知道。能做到慎独，"诚意"的功夫就差不多了。

慎独也就是自律，是区分真君子和伪君子的重要标准。是故历史上的名人，无不把慎独作为修身养性的重要内容。柳下惠的坐怀不乱，曾参的守节辞赐，萧何的慎独成大事，东汉杨震"天知、地知、你知、我知"的"四知"箴言，三国时刘备的"勿以恶小而为之，勿以善小而不为"，李幼廉的不为美色金钱所动，清代林则徐的"壁立千仞，无欲则刚"，叶存仁的"不畏人知畏己知"，以上种种，无一不是慎独自律、道德完善的体现。晚清名臣曾国藩把慎独作为修身养性"四课"之一，对今人仍有启发。

在曾国藩看来，君子慎独不仅仅能修身养性，还能因此收获快乐。他说，人无一内愧之事，则天君泰然，此心常快足宽平，是人生第一自强之道，第一寻乐之方，守身之先务也。

如果一个人没有一件让自己感到愧疚的事，那么他会感到安稳，他的心也会感到快乐满足，宽慰平静。慎独对于个人来说如此重要，在如何做到慎独方面，曾国藩也有独到的见解：

自修之道，莫难于养心。心既知有善知有恶，而不能实用其力，以为善去恶，则谓之自欺。方寸之自欺与否，盖他人所不及知，而己独知之。

自我的修炼，最难的即是养心，心里虽然知道有善有恶，却不尽力去惩恶扬善，就是自我欺骗。是否自我欺骗，别人是不知道的，只有自己知道。所以，慎独除了不自欺之外，还要听从"本心"，在分辨善恶的基础上，惩恶扬善，如果麻木不仁、视而不见就是自我欺骗，这样就算不上真正的慎独，也成不了真正的君子。

6. 退后原来是向前

范蠡是勾践身边的贤臣，在勾践被虏时，他临危受命，一起和勾践到吴国做人质。回国后，帮助勾践复国，坚甲利兵，最终消灭吴国。灭吴之后，勾践封范蠡为上将军，但范蠡把归隐的想法告诉了勾践。勾践不同意，对他说："先生为何要走？现在正是享受富贵的时候，如果你能留下来，我将与你共享越国。"见范蠡去意坚决，就威胁说："如果你执意要走，那么你将会身败名裂，还会连累家人！"这句话道出了勾践的险恶用心。范蠡虽然口头答应，但还是带着家人离开了。勾践得知，派兵追杀，却没有找到。为了不被勾践找到，范蠡逃到齐国，做起了鱼和盐的生意，凭借他的聪明才智，很快就有万贯家财。后来齐王知道了，想请他做齐国的国相，范蠡不愿意，散尽家财又离开了。最后，在陶地定居下来，改名陶朱公。陶地处于交通要道，是一个经商的好地方，不出几年又成为富翁，世人都称他为经商的鼻祖。司马迁称赞他："忠以为国，智以保身，商以致富，成名天下。"

> 进有退之义，存有亡之机，得有丧之理。
>
> ——《贞观政要·征伐》

范蠡真是一位了不起的智者。他为政能助越王勾践复国，经商又能富可敌国，能做到这样，除了聪明才智之外，那就是懂得"知进知退"的道理。比较起来，同为辅佐勾践复国称霸的文种，迷恋权威，落得悲惨下场。

文种，也称文仲，恭州白沙苟洲（今重庆市江津区白沙镇）人，春秋末期著名谋略家。和范蠡一起，为勾践最终打败吴王夫差立下赫赫功劳。吴国灭亡后，文种不愿离去。作为好友的范蠡不忍文种被害，给他写了一封信：

飞鸟尽，良弓藏；狡兔死，走狗烹。越王为人长颈鸟喙，可与共患难，不可与共乐。子何不去？

鸟打完了，那良弓没有用处了，就把它收起来；兔子已死，那狗也没用了，不如烹了吃了。勾践这个人脖子比较长，嘴巴长得像鹰嘴，这种人只可以共患难，不可以同享富贵，你最好还是离开他。文种看了后，觉得有道理，但还是贪恋眼前的一切，不愿离去，只是称病不上朝。这时就有小人向勾践进谗言，说文种自恃功高，老不上朝，这是不是要谋反呀。大王你可要早下决断。正好勾践也有这个意思，于是便赐文种一把宝剑，对他说："你教给我七个灭人国家的方法，我只用了三个就把吴国灭掉了，还剩下四个方法没有用，你就去地下到我父亲那里与他讨论讨论吧！"这摆明了要杀文种。文种悔不该当初没有听范蠡的劝告，无奈地自杀了。

历史上，像这样的故事不少。汉初三杰之一的张良，在帮助刘邦夺取天下之后，功成身退，逐渐淡出刘邦的视线，过上隐士的生活，让刘邦放了心，也保全了自己，算得上一位懂得急流勇退的智者。同为三杰之一的韩信，就缺少张良的智慧，不仅不知退，而且权力的欲望还越发强烈，结果被刘邦以谋反罪诛杀。

被誉为"千古一完人"的曾国藩，也是一位知退的高人。咸丰皇帝在位时曾许诺，谁打败太平天国，收复南京，不论满汉都封王爵。曾国藩在镇压了太平天国后，战功卓越，被封王指日可待。更有甚者，在攻下南京后，手握重兵的曾国藩，被手下屡劝造反，左宗棠甚至明言：东南半壁无主，老师岂有意哉？曾国藩惶恐，因为他深知"狡兔死，走狗烹"的道理。一方面，劝其弟曾国荃尽快抽身引退，免招大祸；另一方面，主动给清廷上奏，遣散自己亲手打造的湘军，表明自己没有拥兵自重的异心。曾国藩在给皇帝的奏报中没有提及自己的一点功劳，只是简单地陈述情况，将功劳归结于众将士的奋勇和皇家的英明。

> 此次金陵城破，臣等深维其故。盖由我文宗皇帝盛德宏谟，早裕戡乱之本，宫禁虽极俭啬，而不惜巨饷以募战士。名器虽极慎重，而不惜破格以奖有功。庙谟虽极精密，而不惜屈己以从将帅之谋。皇太后、皇上守此三者，悉循旧章，而加之去邪弥果，求贤弥广，用能诛除僭伪，蔚成中兴之业。

曾国藩说，攻破金陵城，完全是咸丰皇帝制订好了计划，国家花巨资招募兵勇，并且破格使用人才，所以才能战胜顽敌。曾国藩在镇压太平天国后，其地位盛极一时，但他不独占功劳，急流勇退，分批裁撤湘军，消除朝廷的猜忌，功成而退，这是一种智慧。

老子有句名言：

> 持而盈之，不如其已；揣而锐之，不可长保。金玉满堂，莫之能守；富贵而骄，自遗其咎。功成身退，天之道也。

日中则昃，月盈则亏，这是自然的法则。老子深察万物之奥，告诫人们，要知止，要知足，要知退，"祸莫大于不知足"。正因为贪恋功名利禄，文种与韩信成为刀下之鬼，而懂得功成身退的范蠡和张良，能保全自身，安度余年。

急流勇退的道理容易说明白，但真正做起来，却是十分困难，常常需要有"壮士断腕"的智慧和魄力。面对唾手可得的名利，很少有人能不动心，大多数人抱着侥幸的心理，蒙蔽双眼，忽视了潜在的危险。其实，在两千多年前，老子就有关于追逐名利之害的论述，为世人敲响了警钟：

> 名与身孰亲？身与货孰多？得与亡孰病？甚爱必大费，多藏必厚亡。

"身重名轻，身贵货贱"，这是道家的一种人生价值观。它告诫我们，在生活中，处处都有诱惑，但要明白什么是最重要的，拿出"壮士断腕"的魄力与急流勇退的智慧，才能避免更大的损失。

《菜根谭》有言：

知退一步，须让三分。人情反复，世路崎岖。行不去处，须知退一步之法；行得去处，务加让三分之功。

人情冷暖，变化无常，人生道路多崎岖。因此，当你遇到走不通的路时，须懂得"退一步海阔天空"的道理；当你事业一帆风顺时，也要有"适可而止""功归大众"的胸襟。知退不仅是一种美好的德行，更是一种宝贵的智慧。原来，退后一步是向前。

五、诚信

1. 做人从守信开始

一日，曾子的妻子要到集市上去办事，儿子吵闹着也要跟去。孩子不大，集市离家又远，带着他很不方便。曾子的妻子急中生智，对儿子说："你先回家等着，我一会回来给你杀猪吃！"儿子听到妈妈的话，想着马上就会有好吃的，就一蹦一跳地回家了。曾子的妻子从集市回来，一进家门，就看见曾子正在捉猪。她急忙上前拦住丈夫，说道："家里只养了这一头猪，逢年过节才杀的。你怎么拿我哄孩子的话当真呢？"曾子说："在小孩面前是不能撒谎的。他们年幼无知，经常从父母那里学习知识，听取教诲。如果我们现在说一些欺骗他的话，等于教他今后去欺骗别人。虽然做母亲的一时能哄得过孩子，但是过后他知道受了骗，就不会再相信妈妈的话。这样一来，你就很难再教育好自己的孩子了。"曾子的妻子觉得丈夫的话很有道理，于是心悦诚服地帮助曾子杀猪去毛、剔骨切肉。没过多久，曾子的妻子就为儿子做好了一顿丰盛的晚餐。

信，国之宝也，民之所凭也。

——《东周列国志》

人无信不立。"信"就是诚实、不欺骗，是中国传统文化的"五常"之一。仁义礼智信，都属于不变的道德原则，也就是说，无论是在哪个时代，哪个国家都普遍适用，都应该遵守，不能违背。

中国自古以来就是"礼仪之邦"，而"信"属于"礼"的组成部分。《国语》说："礼所以观忠、信、仁、义也……信所以守也。"试想，如果连基本的诚信都没有，那样的国家还称得上礼仪之邦吗？所以，古人特别重信，孟子说"朋友有信"，也就是说人与人之间的交往要有基本的信用。孔子更是把"信"置于极其重要的位置，在《论语》中三十多次提到"信"，并且将"恭、宽、信、敏、惠"作为君子之德。此外，孔子从修身、交友、治国三个方面对"信"进行了说明。

其一，"信"是安身立命的基础。《论语·卫灵公》篇强调："言忠信，行笃敬。"一个人说话要忠诚守信，做事要坚定恭敬。

人而无信，不知其可也。大车无輗，小车无軏，其何以行之哉？

一个人如果不讲信用，就像大车没有车輗，小车没有车軏，都是无法行走的。在社会生活中，诚信就是一个人的"通行证"，若无诚信，不能取信于人，任你再有才能和学识，都无法在社会中立足，更别说实现自身的抱负、成就一番事业了。所以，孔子对他的学生要求"谨而信，泛爱众，而亲仁"。做人要从懂得守信开始，守信是成就事业的前提。

其二，"信"也是交友的准则。诚信是做人的基本品质，是人们相互依赖和友好交往的基石。《论语·学而》说：

与朋友交，言而有信。

以诚相待，说实话，办实事，守承诺，切不可虚情假意、口是心非，这是交友的基本原则。每个人都想获得别人的真心，都喜欢跟忠诚守信之人打交道，这样的人能给人安全感，令人信赖，故而忠诚守信之人往往能收获真正的友谊，能得到更多的帮助。朋友之道在于诚，说话算数。曾子说：

吾日三省吾身，为人谋而不忠乎？与朋友交而不信乎？传不习乎？

一个人每天要自我检查三件事，其中一件事就是检查是否真诚对待朋友。这是曾子"自省"的方法。《论语·公冶长》载有孔子的志向：

老者安之，朋友信之，少者怀之。

孔子的晚年，有一个非常朴实的人生理想：使老人得到安乐，使朋友互相信任，让孩子得到关怀。

其三，"信"是治国之方。《论语·颜渊》有载：

子贡问政。子曰："足食，足兵，民信之矣。"子贡曰："必不得已而去，于斯三者何先？"曰："去兵。"子贡曰："必不得已而去，于斯二者何先？"曰："去食。自古皆有死，民无信不立。"

孔子说一个强大的国家有三个条件，一是兵强马壮，一是丰衣足食，一是人民的信任。万不得已要舍弃一部分的话，那就先舍弃"兵"，然后舍弃"粮"，但是，有一样不能去，那就是人民的拥护和信任。如果没有人民的信任，得不到人民的支持，政府就失去了存在的理由。所以，治理国家的关键是取信于民。

西汉大儒董仲舒在总结前人的基础上，将"信"正式纳入儒家道德规范的体系中，与"仁、义、礼、智"并称"五常"，使得"五常"贯穿于中华伦理的发展史。南宋的理学家朱熹更是把"信"提到另一个高度：

信是诚实。此四者，实有是仁，实有是义，礼智皆然。如五行之有土，非土不足以载四者。

信便是真个有仁义礼智，不是假。

可以看出，到南宋时期，朱熹已经把"信"作为其他四德的基础。

诚实守信是中华民族的传统美德。《老子》说："轻诺必寡信。"《墨子》说："信，言合于意也。"《韩非子》也说："赏罚必信。"所以，诚信不是儒家的专利，是所有中国人做人的基础。

习近平总书记在《干在实处，走在前列》一文中，引用了《春秋穀梁传·僖公二十二年》的一段文字：

人之所以为人者，言也，人而不能言，何以为人？言之所以为言者，信也。言而不信，何以为言？

说话算数，言而有信，这是每个人做人的底线。

2. 老实人不吃亏

北宋词人晏殊，为人实在。在他十四岁时，有人把他作为神童举荐给皇帝。皇帝召见了他，并要他与一千多名进士同时参加考试。结果晏殊发现考试题是自己十天前刚练习过的，就如实向真宗报告，并请求改换其他题目。宋真宗非常赞赏晏殊的诚实品质，便赐给他"同进士出身"。晏殊当职时，正值天下太平，京城的大小官员经常到郊外游玩或在城内的酒楼茶馆举行各种宴会。晏殊家贫，无钱出去吃喝玩乐，只好在家里和兄弟们读写文章。有一天，真宗提升晏殊为辅佐太子读书的东宫官。大臣们惊讶异常，不明白真宗为何做出这样的决定。真宗说："近来群臣经常游玩饮宴，只有晏殊闭门读书，如此自重谨慎，正是东宫官合适的人选。"晏殊谢恩后说："我其实也是个喜欢游玩饮宴的人，只是家贫而已。若我有钱，也早就参与宴游了。"这两件事，使晏殊在群臣面前树起了信誉，而宋真宗也更加信任他了。

此皆良实，志虑忠纯。
——诸葛亮《前出师表》

十四岁的晏殊，考试时明知是自己练习过的题目，没有暗自窃喜，而是选择诚实，选择公正地和对手竞争，看似愚笨的做法反而获得了别人的尊敬和信任。在被宋真宗树立为勤奋学习的榜样后，他并没有得意扬扬地到处游走，宣讲自己是如何勤奋学习的。而当宋真宗批评大臣们沉迷于游玩饮宴时，他却说自己也喜欢饮酒作乐，只是家里穷，没办法只能在家读书。幽默的言语中，保全了别人的面子，拉近了与同僚之间的距离。这个不虚伪、不做作的实在人，顺理成章地就赢得了众人的尊敬与信任。

"实在"和"刻板"是不能画等号的。"实在"的关键点还是在"实"，就是真实，实事求是。《说文解字》释义为：

实，富也。会意。从宀，从贯。

"实"的繁体字为"實"，可以看出"宀"是房屋的意思，"贯"是货物的意思，将货物充于房屋之下，就是实，说明很富有。后又引申为真实、真诚，符合客观情况。《广雅》云："实，诚也。"实就是真诚。所以现在我们往往把二者并称。"实在人"，必然是那些为人处世真诚不虚、实事求是之人。

"实在"是做人的基本要求。朱熹说过：

只是乖错，不是假底，依旧是实在人。

一个人做错了，只要不假，并不影响他是一个"实在人"。怕的是作假。古人早就发现"假的"和"错的"其实是有很大区别的。做错了还可以改正，但以假乱真就是人品出了问题。

"实在"的人必"务实"。张栻说过：

学者若能务实，便有所得。或问务实之说，曰："于践履中求之。"仁之实，事亲是也；义之实，从兄是也。日用常行之际，无非实用。

古人读书做学问讲究一个诀窍，不从书本到书本，而是从实践中学习，知行合一，这就是做学问的"务实"。王夫之也说过："必以践履为主，不徒讲习讨论而可云学也。"强调做学问不光要讲习讨论，而且要"践履"，只有把学问付诸实践，才算真才实学。王夫之的儿子这样评价他的父亲："尽废古今虚妙之说，而返之实。"赞扬其父做的是真学问。

"实在"不是"死心眼"。《菜根谭》有云：

心不可不虚，虚则义理来居；心不可不实，实则物欲不入。

一个人需要同时保有两种心态：一要虚，二要实。虚就是虚怀若谷，只有虚怀若谷才能容纳真理；实就是正气在胸，只有正气在胸才能抵抗物欲的诱惑。

立业建功，事事要从实地着脚，若少慕声闻，便成伪果；讲道修德，念念要从虚处立基，若稍计功效，便落尘情。

进一步说，建功立业，需要的是脚踏实地的心态，仅仅为了图名声，那是在作秀。做事先做人，做人就得胸怀开阔，否则老想着一些眼前的小利，那就与俗人无异，终究难成大事。

当然，实在人也要懂得变通，懂得区分"大信"与"小信"。《论语·子路》上说：

言必信，行必果，硁硁然小人哉！

"言必信，行必果"，这本是为人处世的准则。但是，孔子却批评那些不问是非黑白、只管贯彻自己意图的小人，他们并没有领会真正的"信"。对此，孟子有一个解释：

大人者，言不必信，行不必果，惟义所在。

真正懂得"信"的人，说话不一定句句守信，做事也不一定非要有结果，讲信用也要根据具体情况而通达权变，这个标准就是"惟义所在"，即符合道义。

庄子在《庄子·盗跖》篇里讲了一个"尾生守信"的故事，批判迂腐且不知权变之人。

春秋时期，鲁国曲阜有一个年轻人叫尾生。他乐于助人，善良正直，与人交往非常守信用，备受乡亲的赞美。后来，他为了做买卖，搬到梁国居住，认识了当地一位年轻美丽的姑娘，两人一见钟情，私订终身，可姑娘的父母觉得尾生家不够富裕，不赞成这桩婚事。为了爱情，姑娘决定和尾生私奔，约定在城门外的一座桥上会面，一起远走高飞。夕阳西下时，尾生在小桥边等候，没想到天色骤变，下起了倾盆大雨，没过多久就山洪暴发，泥水从上游倾泻下来，冲向尾生所在的那条小河。河水上涨，淹没了桥面，没过了尾生的膝盖。虽然大水淹没了桥，但他寸步不离，死死抱住桥柱，死守"城外桥面，不见不散"的誓言，终于被活活淹死。

尾生这类人可谓是老实到了极点，但老实过了头，就显得迂腐了。庄子批评尾生太过迂腐，这种不知变通的直道是不可取的。

3. 守时是最基本的美德

宋濂幼时酷爱读书。有一次，宋濂要去远方向一位名家请教，提前约好见面日期，谁知出发那天下起鹅毛大雪。当宋濂背起行李准备上路时，母亲心痛地说："这样的天气怎能出远门呀？再说，老师那里早已大雪封山了。你这一件旧棉袄，也抵御不住深山的严寒啊！"宋濂坚定地说："娘，今不出发就会错过拜师的日子，这就失约了。失约，就是对老师不尊重啊！风雪再大，我都得上路。"他在深山大谷中奔走，深冬刮着凛冽的寒风，大雪有几尺深，冻裂了双脚。当宋濂准时到达老师家里时，老师为之感动："真准时呀！年轻人，你这样守信好学，将来必有出息！"

可终身而守约，不可斯须而失信。

——张弧《素履子·履信》

　　宋濂是明初著名政治家、文学家，被誉为"明朝开国文臣之首"。他写过一篇流传至今的《送东阳马生序》，提到自己因为家贫只能向人借书，但他从来都能按时还书，从不违约。因此，同乡人感动于他的守信好学，都愿意把自己收藏的书借给他。历史上像宋濂这样诚信守时的大有人在，汉朝的张良就算一个。《史记·留侯世家》中有关于张良的这样一则故事：

　　良尝闲从容步游下邳圯上，有一老父，衣褐，至良所，直堕其履圯下，顾谓良曰："孺子，下取履！"良鄂然，欲殴之。为其老，强忍，下取履。父曰："履我！"良业为取履，因长跪履之。父以足受，笑而去。良殊大惊，随目之。父去里所，复还，曰："孺子可教矣。后五日平明，与我会此。"良因怪之，跪曰："诺。"五日平明，良往。父已先在，怒曰："与老人期，后，何也？"去，曰："后五日早会。"五日鸡鸣，良往，父又先在，复怒曰："后，何也？"去，曰："后五日复早来。"五日，良夜未半往。有顷，父亦来，喜曰："当如是。"出一编书，曰："读此则为王者师矣。后十年兴。十三年孺子见我济北，谷城山下黄石即我矣。"遂去，无他言，不复见。旦日视其书，乃《太公兵法》也。良因异之，常习诵读之。

　　有一天，张良闲逛于下邳桥上，碰到一个穿着粗布衣裳的老人。老人故意把自己的鞋甩到桥下，看着张良："小子，下去把鞋捡上来！"张良有些惊讶，想教训这位老人，但见他年老，不忍下手，勉强地忍了下来，只好下去捡鞋。取到鞋后，老人又对他说："给我把鞋穿上！"张良很生气，但转念一想，既然已经替他把鞋捡了上来，就好人做到底，于是就跪着替老人穿鞋。老人伸出脚来让张良穿好鞋后，非但不谢，反而大笑着离去了。张良望着老人离去的身影十分惊讶。可老人离开约有一里路后，又返回来说："孺子可教呀！五天以后天刚亮时，跟我在这里相会。"张良虽然觉得这个老人很奇怪，但他还是答应了。五天后的拂晓，张良来到桥下。老人已先到那里，生气地说："跟老人家会面，反而后到，况且天都已经亮了，你这是为什么呀？"老人离去，并说："五天以后早点来会面。"又过五天后，鸡一叫，张良就跑过去。而老人又先在那里，十分生气地说："你又迟到了，这是为什么？"老人离开说："五天后再早点儿来。"张良吸取前两次的教训，第三次不到半夜就去了，在那里等着老人。过了一会儿，老人也来了，高兴地说："应当像这样才好。"于是老人拿出一部书，告诉张良说："读了这部书就可以做帝王的老师了。十年以后就会发迹。十三年后小伙子你到济北见我，谷城山下的黄石就是我。"说完便走了，没有别的话留下，从此张良再也没有见到这位老人。等到天亮时，一看老人送的书，原来是《太公兵法》。张良日夜钻研此书，深通兵法，终于成为汉初著名的谋士，帮助刘邦夺得了天下。

西方有句名言："准时就是帝王的礼貌。"时间对于每一个人来说都是珍贵的，没有人愿意浪费时间。做一个守时的人，不仅是出于对他人的尊重，更是对自己的尊重。一个不守时的人，也就是一个不值得信赖的人。

德国哲学家康德，曾在给老朋友的信中写了这样一句话："在我看来，无论是对老朋友，还是对陌生人，守时就是最大的礼貌。"现代生活的快节奏，更强调人们的时间意识。所以，守时更加成为现代人必备的素质和职业道德，因为时间观念反映了一个人的工作态度和道德修养。守时是一种美德，浪费别人时间或者违反约定的时间，都是对人极大的不尊重。

4. 守诺如金

楚汉相争时，项羽手下有一员大将叫季布。他为项羽出生入死，冲锋陷阵，立下了大功。季布平时言而有信，答应别人的事情，一定竭尽全力去做，从不使人失望。这种美好的品质使他赢得了许多朋友，民间流传着一句话："得黄金百斤，不如得季布的一个诺言。"刘邦却对他深为痛恨，赢得天下后，就下令以千两黄金的重赏捉拿季布。当时敬慕季布为人的人，都在暗中帮助他，以至于汝阴侯夏侯婴都为他向刘邦求情，后来刘邦便赦免了他，还将季布召进宫来，任命他为郎中。

> 夫子之说，君子也。驷不及舌。
> ——《论语·颜渊》

中国人历来讲究以真诚之心，行信义之事，"一诺千金""一言九鼎""君子一言，驷马难追"这些古训深入人心。那些诚信守诺、重情重义的人常为人们津津乐道。

《左传》记录了晋文公的一个故事：春秋时期，晋国公子重耳为逃避追杀来到了楚国，楚王接纳并招待了他。楚王问公子重耳："如果公子返回晋国，拿什么来报答我呢？"重耳回答说："美女、宝玉和丝绸您都有；鸟羽、兽毛、象牙和皮革，都是贵国的特产。流散到晋国的那些，都是您剩下的。我还能拿什么来报答您呢？"楚王说："尽管如此，总得拿什么来报答我吧？"重耳回答说："如果托您的福，我能返回晋国，一旦晋国和楚国交战，双方军队相遇了，我就让晋军退避九十里地。如果还得不到您退兵的命令，我就只好左手拿着马鞭和弓梢，右边挂着箭袋和弓套奉陪您较量一番。"

晋文公重耳的确是个信守承诺之人。后来，晋楚在城濮交战。楚国大将成得臣率领楚军和晋军对峙。晋文公感念之前楚王的救命之恩，命令大将狐偃，先让晋国军队退后九十里，履行了当时的承诺。军中谋士不理解说，楚军远道而来已经疲惫不堪，我们为什么不现在进攻，干吗还要后退？大将狐偃回答道："出兵作战，有理就气壮，无理就气衰，不在于军队待在外边时间的长短。如果没有楚国以前对文公的恩惠，我们到不了这里。退三舍躲避他们，就是作为报答。如果说话不算数，恩将仇报的话，我们缺理而楚国更有理。如果我们退后而且楚军也回去了，我们的目的已达到，还追求什么呢？如果他们不回去，我们实现诺言，主动退让，他们还来进攻，他们就是理亏的一方了。"于是晋国军队就退后九十里。这便是"退避三舍"的来历。

晋文公恪守诺言，极大地鼓舞了军心，遇到楚军后，主动后退九十里，再与楚军交战。结果城濮之战的结局是晋军大败楚军。城濮之战是春秋前期最大的一次战争，也是关系中原全局的战争，使中原一些小国摆脱了楚的控制，归附了晋国。战后，晋文公提高了声望，成为春秋霸主。

承诺是一种责任，因为承诺值千金，所以不"轻诺"，即不轻易许下诺言。《道德经》上说：

夫轻诺必寡信，多易必多难。

那些轻易发出诺言的，必定很少能够兑现，把事情看得太容易，势必遭受很多困难。东晋葛洪在《抱朴子·行品》中有言：

言不详于反覆，好轻诺而无实者，虚人也。

话说得不清楚而且经常改变说话的内容，轻易就许下诺言而不去实现诺言的人，都是虚假的人。所以说，信守承诺之人对于自己说出的话慎之又慎，不轻许诺言，方是智者之所为。《弟子规》说：

事非宜，勿轻诺。苟轻诺，进退错。

别人要你做的事情，如果不适宜，就不要随便答应；如果信口答应了，不论做还是不做，都是你的错。所以，不要在高兴时不加考虑随便对人许下诺言，不要在酒醉时不加控制随便乱发脾气，不要在得意时不加检点惹是生非，不要因为累了就偷懒不把事情做完。这才是真正的守诺、重诺、慎诺。

六、养生

1. 仁者寿

有一次，哀公向孔子请教："夫子，是聪明有才智的人比较长寿，还是心地仁慈、厚道的人比较长寿呢？"孔子回答道："是这样的。有三种人会死于非命，并不是他寿命到了，而是自己折损掉的。第一，起居没有定时，饮食没有节制，时常让身体过度疲劳或无限度地放逸。这些都是因自己不懂得爱惜身体，使身体受到损伤，这样，疾病就可以夺去性命。第二，居下位的人却无视君王，以下犯上，对于自己的嗜好欲望，不肯节制，贪求无厌。这样的人，刑罚也能夺去寿命。第三，人少却去冒犯人多的。自己弱小，却还要去欺辱强大；愤怒时不懂得克制自己，意气用事；或者不自量力，不计后果地行动。这样，刀兵战事就可以夺去生命。这三种情况：病杀、刑杀、兵杀死于非命，是咎由自取。而仁人廉士，他们行动有节，合乎道义，喜怒适时，立身行事有操守，懂得培养自己高尚的性情，这样他们得享长寿，不也是合乎道理的吗？"

> 知者乐，仁者寿。
> ——《论语·雍也》

儒家的开创者孔子享年七十三岁，在他那个年代能够有这样的高龄，比当时鲁国人的平均寿命高出许多，不能不说孔子是一位懂得养生的智者。孔子用什么养生呢？用"仁"。仁是孔子整个学说的核心，也是他养生思想的精髓。《论语·雍也》有言：

知者乐水，仁者乐山；知者动，仁者静；知者乐，仁者寿。

孔子说有智慧的人通达事理，反应敏捷而又思想活跃，性情好动，就像水不停地流一样；而仁爱的人安于义理，仁慈宽容而不易冲动，性情好静，就像山一样稳重。所以，智者常乐，而仁者常寿。

孔子是第一个明确提出"仁者寿"的道德养生家。"仁"所包含的内容非常广泛，温、良、恭、俭、让、忠、恕、孝、悌、宽、信、敏、惠等都是成"仁"的前提，也是养生的要求。一个宅心仁厚的人跟普通人是不一样的，因为"仁者不忧""不怨天，不尤人""在邦无怨，在家无怨"。这种人有广阔的胸襟，常怀利他之心，不计个人得失，心平气和，当然容易长寿。

首先，仁者心正。《礼记·大学》中有载："欲修身者，先正其心。"这里的"正心"就是排除杂念、专心致志。人在一生中会面对很多欲念和诱惑，倘若心不正，则会让各种杂念烦扰于心，使得人的精神涣散，心神不宁，不能专注于正义的事业，这对于保养人的精力是有害的。而仁者的心胸坦荡，不会像小人一样患得患失，从而利于身心的保养。

其次，仁者敬畏。孔子所说的敬畏，既包含对人的生命的敬畏，也包含对自然的敬畏。他曾说："身体发肤，受之父母，不敢毁伤。"这体现了孔子对人、对自身身体的珍惜和保护。他还说："故人者，其天地之德，阴阳之交，鬼神之会，五行之秀气也。"这表现出其对人的生命价值的关注和重视。此外，孔子还强调君子有三畏："畏天命，畏大人，畏圣人之言。"敬畏自然规律、敬畏德高望重的人、敬畏圣人的言论。常存敬畏之心，就会使人谦虚、不放肆，这是有利于健康的。

最后，仁者宅心仁厚，与人为善，从而免受与人为敌之忧。仁者心地宽厚，为人坦荡，心态自然平和旷达，也就无忧无惧。仁者淡泊名利，不患得患失，心理平衡，遇到事情也不会想不开，而以积极的态度去面对。这也是长寿的必要条件。

孔子还提出著名的"养生三戒"，作为道德养生思想重要的方法论。《论语·季氏》有云：

君子有三戒：少之时，血气未定，戒之在色；及其壮也，血气方刚，戒之在斗；及其老也，血气既衰，戒之在得。

年少的时候，血气未定，要警惕对美色的迷恋；到了壮年，血气正旺盛，要警惕与人争强好斗；等到年老，血气已经衰弱，要警惕贪得无厌。这是孔子根据人体的生理规律提出的养生法则。人在一生的各个不同年龄阶段，应该根据不同的生理、心理状况，注重节制，这不仅是道德修养的要求，也是有益的养生经验。

2. 庄子的养生之道

一次，南容拜见老子说："徒弟南容，真是太愚钝了，有个问题一直弄不明白，我走了七天七夜，来向您请教。"老子说："困扰你的是什么问题呢？"南容回答："就是养生之道。"老子说："养生之道，在于神静心清，就是洗掉内心的污垢。那什么是内心的污垢呢？一个是对物质的欲望，一个是对知识的渴求，如果去除欲望和渴求，心就会坦然了。一颗坦然的心或动或静都是自然的，没有牵挂。于是，当睡觉的时候就睡觉，当起床的时候就起床，当行走的时候就行走，当停止的时候就停止，身外之物不能扰乱内心的平静。所以，学习养生之道的人，在于逐步除去身心内外的干扰，掌握养生之道的人，身心内外已经没有干扰了。内就是心，外就是事物，除去身心内外干扰就是除去对于知见的渴求，拒绝外在事物的引诱，从一开始就清除干扰的行为，逐渐达到物我两忘的境界，内外就融合成一体了，而且都归于自然，这样养生的大道就通达了。"

至人无己，神人无功，圣人无名。

——《庄子·逍遥游》

庄子曾写了一篇独特的养生文章，叫作《养生主》，意思就是"养生的要领"。略知养生的人大概都会说"内练精气神，外练筋骨皮"之类的养生格言，但庄子却不说这样的大道理，而是用寓言和讲故事的方式，揭示养生的真谛。庄子既是伟大的哲学家，也是伟大的文学家，他的文章汪洋恣肆，仪态万方，想象奇特，超凡脱俗，代表了先秦散文的最高成就。因此，《养生主》也被节选到中学的课文里。

人跟动物最大的区别，就是人具有强大的心灵世界。但普通人总是精于算计、心猿意马、随波逐流，容易受到外部环境的干扰而不得安宁。庄子正是看到了这一点，他的养生之道侧重于顺应自然，忘却情感，不为外物所滞。《养生主》一开始就说：

吾生也有涯，而知也无涯。以有涯随无涯，殆已！已而为知者，殆而已矣！为善无近名，为恶无近刑，缘督以为经，可以保身，可以全生，可以养亲，可以尽年。

什么叫"缘督以为经"？这句话争议最多，但也最为关键。晋朝的郭象、唐朝的成玄英、明清之际的王夫之、现代历史学家郭沫若等人都有过解释。有人说，"缘督以为经"就是"打通督脉，身体就不生病"。其实，从整篇文字看，庄子没有谈到养生家所谓的"奇经八脉"。郭象的解释是，"缘"就是"顺"，"督"就是"正"，即顺着正道、中道而走。成玄英解释为"夫善恶两忘，刑名双遣""虚夷任物，与世推迁"，也就是说，养生的关键在于，做了世俗所谓的善事却不去贪图名声，做了世俗所谓的恶事却不至于有面对刑戮的屈辱，无论做何种事情，都应远功名，去利欲，方能保全身体，享尽天年。

很多人不太注意庄子说的前两句话："吾生也有涯，而知也无涯。以有涯随无涯，殆已！"这两句话非常重要，但经常被解释为："人们的生命是有限的，而知识却是无限的。以有限的生命去追求无限的知识，那就危险了。"其实，这并不符合庄子的本意。因为庄子在这里所说的"知"，通"智"，并不是纯粹的"知识"，而是"心计""小聪明"。常言道："人生不满百，却怀千岁忧。"整天都泡在了功名利禄、柴米油盐之中而不能自拔，这样，有限的生命也就无形中被耗掉了。

对生命的重视是道家思想的核心内容之一，这一点在庄子思想中体现得尤为明显。不过，庄子所谓的养生和一般的养生有很大的不同。一般养生，都是为了追求长寿，庄子并不追求长寿，只追求更好地活着。他的养生在根本上就是如何在错综复杂的环境中找到一个安全的存身之处。庄子分别用三个故事，从三个方面阐释了他的养生之道。

第一个故事，"庖丁解牛"。

"庖丁解牛"的故事，以牛的筋骨喻指人事的错综复杂，以人的养生比作庖丁宰牛。

依乎天理，批大郤，导大窾，因其固然。技经肯綮之未尝，而况大軱乎？

是说宰牛的时候，按照牛的生理结构，把刀劈进筋骨相连的大缝隙，再在骨节的空隙处引刀而入。因为完全依照牛体的本来结构用刀，所以即便是经络相连、筋骨交错的地方也不会碰到。人在社会交往中，不要盲目碰撞，只有顺应自然之理，才能在面对现实中各种困难、各种束缚时游刃有余。

第二个故事，"泽雉逍遥"。

草泽中的野鸡走十步才能吃到一口食，走百步才能喝到一口水，但它并不希求被豢养在笼子里。

泽雉十步一啄，百步一饮，不蕲畜乎樊中。神虽王，不善也。

野鸡跟家里养的鸡是不一样的。家养的鸡关在笼子里，吃穿不愁，纵然很神气，却寄人篱下，随时会被宰杀。庄子借"泽雉逍遥自在"来说明"养生"的宗旨，即养生之宗在于养神，内以守神，外以忘物，不为外物所累，追求逍遥自得。

第三个故事，"秦失吊老聃"。

在《养生主》中庄子谈到"秦失吊老聃"一事：老聃死了，他的好友秦失来吊，哭了三声就出来了，有人就责怪他对朋友没有感情，而秦失却不这么认为：

适来，夫子时也；适去，夫子顺也。安时而处顺，哀乐不能入也，古者谓是帝之县解。

一个人偶然来到世间，这是他顺时而生；偶然离去了，这是他顺时而死。安于时运而顺应自然，一切哀乐之情就不能进入心怀。古时候称此为自然的解脱。

3. 遵三寡而寿

先秦显学之一的道家特别强调养生，高寿者多。其中庄子活到了八十三岁，老子活的时间更长，据《史记》记载他活了一百六十岁，也有说他活了两百多岁的。为何在那个平均寿命只有三十多岁的时代他们能如此长寿呢？庄子说："人之养生亦当如是，游于空虚之境，顺乎自然之理。"老子说："名与身孰亲？身与货孰多？得与亡孰病？甚爱必大费，多藏必厚亡。故知足不辱，知止不殆，可以长久。"清心寡欲、抱璞归真是保持健康长寿的不二法门。

　　虽长服药物，而不知养性之术，亦难以长生也。

——陶弘景《养性延命录》

　　人人都希望健康长寿。《尚书》提到人有"五福六极"，即人生有五种幸福和六种不幸。人生的五种幸福：一是长寿，二是富贵，三是健康平安，四是遵行美德，五是老而善终。人生的六种不幸：一是早死，二是多病，三是多忧，四是贫穷，五是丑恶，六是愚弱。可见，长寿是人生的第一幸福，而夭折是人生的第一不幸。孔子最喜欢的学生颜渊学问人品都很高，可惜四十出头就短命而死，孔子为之恸哭。所以，一个人无论有多大的本事和才华，若是天不假年，也无法成就大的事业。

　　中国自古以来流传各种长寿之道，其中，作为中医之祖的《黄帝内经》为我们揭开了人类健康长寿的神秘面纱。《黄帝内经》涉及中医学上的阴阳五行、脉象、藏象、经络、诊断、治疗，以及养生、运气等理论，从自然、社会、心理等方面整体上论述医理。特别是其"圣人不治已病治未病"的预防为先的思想，被唐代名医孙思邈发展为"上工治未病，中工治欲病，下工治末病"的思想，成为养生宝典。

　　按照《黄帝内经》的理论，古代的"真人"遵循天性自然之真，而毫无人心之杂，活过一百岁而动作不衰；那些不知养生之道的人，却年过半百而早逝。

　　夫上古圣人之教下也，皆谓之虚邪贼风，避之有时，恬淡虚无，真气从之，精神内守，病安从来。

　　这段话是《黄帝内经》养生的总纲。它告诉我们，影响人体健康长寿的主要因素有两个：一是外界的环境，一是人的精神。外界的致病因素统称"虚邪贼风"。由于人体阴阳二气的消长变化与四季气候的变化节律同步，无论在哪一节令中，如果有与该节令所应方向相反的气候出现，人体都可能因不适应反季节的气候而发病，那么这种气候便成为邪气，人若能避开它们就会少生病。

　　不过，影响人体健康长寿最重要的因素，还是人的精神。这就是《黄帝内经》强调的"恬淡虚无，真气从之，精神内守，病安从来"。人若能够做到生活简朴，心境开阔，精神向内，不受物欲的诱惑，那先天所赋予的生命力就自然充盈，人体的"正能量"大，免疫力强，疾病就不会来找麻烦。

　　是以志闲而少欲，心安而不惧，形劳而不倦，气从以顺，各从其欲，皆得所愿。故美其食，任其服，乐其俗，高下不相慕，其民故曰朴。

　　古时候的"真人"都能做到淳朴自然，心态安闲少欲望，心境安定不忧惧，形体劳动而不疲倦，真气从容而顺调，每个人都感到自己的愿望得到了满足。所以，他们生活都要求不高，吃什么都觉得甘美，穿什么都觉得舒适，不贪图环境的安逸，不计较地位的尊卑。这样的人，想不长寿都难。

　　是以嗜欲不能劳其目，淫邪不能惑其心，愚智贤不肖，不惧于物，故合于道。所以能年皆度百岁而动作不衰者，以其德全不危也。

　　对于善于养生的人来说，嗜欲不会干扰他们的视听，淫邪也不能扰乱他们的心态，无论愚笨聪明，都能追求内心的安定，而不汲汲于名利得失。这些人因为深通生命的大道，所以他们的年龄都超过一百岁而不显衰老。

　　中医认为，精充、气足、神全是人体健康的标志，精亏、气虚、神怯是疾病与衰老的先兆。因此，健康长寿的秘诀就在于保养好精、气、神。所谓"寡欲以养精，寡言以养气，寡思以养神"，做到了这"三寡"，那么，健康长寿将不请自来。

首先，少欲则养精。中医认为，"欲多则损精"，纵欲会伤及五脏之精。历代医家都主张，养生之道要以保养精气为首务。清心寡欲是养生之道的一个重要方面。

其次，少言则养气。气，是构成人体的最基本物质。它具有动而不息的特征，维持并推动着人体的生命活动。养气的基本要求是：少废话。若一个人经常喋喋不休，则会使体内元气不足，外邪乘虚而入，导致疾病。

最后，少思则养神。寡思，即人不要胡思乱想，以免用脑过度，影响大脑皮层的生理活动。中医认为："善摄生者，不劳神，不苦形。神形既安，祸患何由而至？"思虑过度，则使人气机郁结不行，同样也会引发种种疾病。

总之，精、气、神是人体生命活动的三大要素，三者相互为用，是保持和恢复人体健康、维持正常生理活动的基础，为养生长寿之根本，自古以来一直被称为人身"三宝"。《黄帝内经》"恬淡虚无，真气从之，精神内守，病安从来"的预防养生原则，涉及精、气、神三个方面，是二千多年来中国古代医家和养生家在探索生命奥秘、防老抗衰、防治疾病的实践中逐步形成的一种整体生命观。实践证明，依照中医养生的原则去做，人活过一百岁是可能的。

齐

家

编

一、严慈

1. 名人教子之方

王献之是王羲之的第七个儿子，自幼聪明好学，他七八岁时始学书法，师承其父。有一次，王羲之的一位朋友让王献之在扇子上写字，小献之挥笔便写，突然笔落扇上，把字污染了，他灵机一动，在污染的地方画了一只栩栩如生的小牛。众人对小献之赞不绝口，小献之滋长了骄傲情绪。有一天，他将自己写的字拿给父亲看。王羲之看一张摇一下头，直到看到一个"大"字才有了点笑意，提笔在"大"字下面点了一点，然后把字都还给了王献之。王献之拿着自己的字又给母亲看，问母亲自己的字和父亲的字有什么不同。母亲拿着他的字看了半天，然后指着那个"大"字底下的一点对王献之说："吾儿磨尽三缸水，惟有一点似羲之。"献之仔细一看，原来正是父亲加的那一点，顿觉满脸羞愧。经过这次的事，王献之不再骄傲自满，并找到了与父亲的差距，更加刻苦练习，功夫不负有心人，他的书法水平提高很快，终于成为一代大家。

譬树果，心是蒂；蒂若坏，果必坠。吾教汝，全在是。汝谛听，勿轻弃。
——《王阳明全集·外集二·赣州诗》

中国古代第一本成文的家训是周公的《姬旦家训》，包括《诫伯禽书》和《诫侄成王》两篇。该书的作者姬旦，是历史上以"制礼作乐"闻名的周公，他是周文王的第四子、周武王的弟弟。"周公吐哺，天下归心"，成为后世的楷模。在《诫伯禽书》中周公告诫儿子说：

君子不施其亲，不使大臣怨乎不以。故旧无大故则不弃也，无求备于一人。

君子力如牛，不与牛争力；走如马，不与马争走；智如士，不与士争智。

德行广大而守以恭者，荣；土地博裕而守以俭者，安；禄位尊盛而守以卑者，贵；人众兵强而守以畏者，胜；聪明睿智而守以愚者，益；博文多记而守以浅者，广。去矣，其毋以鲁国骄士矣！

这篇诫子文不是普通的家训，而是重用人才、谦虚谨慎的政治训导。周公告诫儿子伯禽，不要因为受封于鲁国就怠慢、轻视人才，一定要谦虚谨慎。若能做到德行宽裕、恭敬待人，就会得到荣耀；土地广大却克勤克俭，就没有危险；禄位尊盛却谦卑自守，就能常保富贵；人众兵强却心怀敬畏，就能常胜不败；聪明睿智却总认为自己愚昧无知，就是明哲之士；博闻强记却自觉浅陋，那是真正的广博。这六点都是谦虚谨慎的美德。即使贵为天子，之所以富有四海，也是因为遵循了这些品德。不知谦逊从而招致身死国丧，桀纣就是这样的例子。

伯禽没有辜负父亲的期望，没过几年就把鲁国治理成民风淳朴、务本重农、崇教敬学的礼仪之邦。

被誉为"千古一帝"的康熙对其子女的教育也堪称典范。康熙一生政绩赫然，子女众多，他曾对诸官说过：

朕经常想到祖先托付的重任。对皇子的教育及早抓起，不敢忽视怠慢。天未亮即起来，亲自检查督促课业，东宫太子及诸皇子，排列次序上殿，一一背诵经书，至于日偏西时，还令其习字、习射，复讲至于深夜。自春开始，直到岁末，没有旷日。

从康熙的叙述中可知，他的皇子们可谓是寒窗苦读、不舍昼夜。康熙之所以对子女进行严格的教育，是因为他深知，处于深宫中的皇子皇孙最易受溺爱，也更难成才。康熙在位 61 年，诸皇子虽然发生过"九子夺嫡"的宫乱，这在"家天下"的时代在所难免，但康熙的教子之法仍然值得称道。这对我们今天教育子女是有启发的。

新中国成立初期，毛泽东同湖北省委秘书长梅白谈起了领导干部子女的教育问题。毛泽东问梅白："你记得曹操评论汉献帝的话吗？"梅白答道："记得。有这样两句：生于深宫之中，长于妇人之手。"毛泽东称赞说："不错，你读书不少。现在有些高级干部的子女也是'汉献帝'，'生于深宫之中，长于妇人之手'，娇生惯养，吃不得苦，是温室里的花朵，有些是'阿斗'呀。中央、省级机关的托儿所、幼儿园，部队的八一小学，孩子们相互之间比坐的是什么汽车来的，爸爸是干什么的，看谁的官大。这样不是从小培养一批贵族少爷吗？这使我很担心呀！"毛泽东还说，现在有些高级干部对自己的子女要求不严格，最重要的是要自己带头，要严以律己，不搞特殊化。

2. 母爱如水，父爱如山

郑板桥老来得子，在其子小宝长到六岁以后，便亲自教导儿子读书，要求每天必须背诵一定量的诗文，并让其参加力所能及的家务劳动。到小宝十二岁时，他又叫儿子用小桶挑水，天热天冷都要挑满，不能间断。由于父亲言传身教，小宝的进步很快。当时潍县灾荒十分严重，郑板桥一向清贫，家里也未多存一粒粮食。一天小宝哭着说："娘，我肚子饿！"郑夫人拿一个用玉米粉做的窝头塞在小宝手里说："这是你爹中午节省下的，快拿去吃吧！"小宝蹦跳着走到门外，高高兴兴地吃着窝头。这时，一个光着脚的小女孩站在旁边，看着他吃。小宝发现了这个饥饿的小女孩，立刻将手中的窝头分了一半给她。郑板桥知道后，非常高兴，就对小宝说："孩子，你做得对，爹爹真的很喜欢你!"

> 父母威严而有慈,则子女畏慎而生孝矣。
> ——《颜氏家训》

关于家庭教育的问题,我国古代就有很多论述,其中"严父慈母"是被普遍认可的程式。此外,尽管人们经常称颂贤母教子,但父亲在子女的教育中所起的作用也不可替代。所谓"养不教,父之过",强调父亲教育的重要性。中国古代很多家训,基本上是父亲所写的。

《颜氏家训》是古代家训的代表作,其《教子篇》强调了"爱子"和"教子"的关系:

吾见世间无教而有爱,每不能然,饮食运为,恣其所欲,宜诫翻奖,应呵反笑,至有识知,谓法当尔。骄慢已习,方复制之,捶挞至死而无威,忿怒日隆而增怨,逮于成长,终为败德。

世上有些父母,对子女不加管教,只是一味溺爱。他们对子女的饮食言行,总是任其为所欲为,该告诫阻止的反而夸奖鼓励,该呵斥苛责的反而和颜悦色,孩子长大懂事以后,就会认为理应如此。孩子骄横傲慢的习性已经养成,才想到要去管束制约,就算对他们进行鞭抽棍打,也难以再树立父母的威信,父母的愤怒导致子女的怨恨之情日益加深,等到孩子长大成人,终究会成为道德败坏之人。

世界上最伟大的爱莫过于父母对儿女的爱。但是,爱子女不等于溺爱娇惯,如果只知爱子而不知教子,那是"有爱而无教"。如此养子教子,终会铸成大错,悔之莫及,那是做父母的失败。

父母威严而有慈,则子女畏慎而生孝。

父子之严，不可以狎；骨肉之爱，不可以简。简则慈孝不接，狎则怠慢生焉。

爱是孩子成长之必需，无爱的环境会影响孩子身心的健康发展，但凡事有利有弊，仅仅靠爱是无法促成孩子的全面成长的。"不经历风雨怎能见彩虹"，一味地让孩子待在温室里，会毁其性，会使他们养成怠慢父母的恶习，因此适当的严厉是有必要的。《颜氏家训》中就明确指出在迫不得已的情况下，棍棒式的强制性惩罚措施也是必要的，在儿童不听教诲和犯了大错之后，必须对其"楚挞惨其肌肤"，以让他们"长点记性"。

在教育孩子时严格要求本无可非议，但是要注意方式和方法。假如父母不考虑孩子的年龄，不尊重孩子的人格，不考虑孩子能力的大小而一味地对孩子实行高标准严要求，会让孩子在精神上产生巨大的压力。尤其应当注意的是，教育孩子时绝对不能动不动就对其进行处罚，因为对孩子经常施加处罚会让孩子产生逆反心理，会使孩子从感情上与父母疏离。同样，在教育孩子时，对孩子的关爱也要适度，不能事事听之任之。其实，"严慈相济"才是父母对孩子真正的疼爱。

此外，对孩子的教育还需要父母都到位。高尔基在《未知》中说过这样一句话："母爱是世间最伟大的力量，没有无私的、自我牺牲的母爱的帮助，孩子的心灵将是一片荒芜。"母亲对孩子教育的缺位会让孩子趋于沉默寡言，对周围的一切都抱有不信任的心理，在生活上甚至不能自理，这对孩子的生活将产生无可预估的不良影响，因此，母亲对孩子的成长是必需的。当然，孩子的成长，父亲也绝不能缺席与沉默。现代心理学研究表明，经常与父亲接触交流的孩子更多地表现出勇敢、坚强与自信的一面，因为父亲往往对孩子而言意味着权威。在父亲严格的要求下，潜移默化中孩子会渐渐懂得行为准则、社会规范，以便完善自我人格。"养不教，父之过"，对于孩子的教育，父亲的责任十分重大。

俗话说"母爱如水，父爱如山"，对于孩子的成长而言，既需要一种温柔、慈祥的爱，也需要一种有力量、权威的爱，两者的结合才有可能成就一个孩子健全的人格——既有体谅人的同理心，又能坚强有担当。

3. 父母之爱，是一场体面的退出

寇准自幼丧父，家境清贫，全靠母亲为人织布度日。在寇准做官后不久，寇母就病逝了。临终前，寇母绘制了一幅《寒窗课子图》，并在上面题诗一首："孤灯课读苦含辛，望尔修身为万民。勤俭家风慈母训，他年富贵莫忘贫。"她让仆人刘妈在适当的时候交给寇准。寇准仕途顺利，一直做到了宰相。有一次，他为了庆贺自己的生日，请来了两台戏班子，准备大宴群僚。刘妈见时机已到，就将这幅《寒窗课子图》交给了寇准。寇准边看图边读诗，不觉泪如泉涌。于是立即撤去了寿宴，退还了寿礼，从此清正廉洁，勤于政事，终成一代名相。

> 要须长其忠厚之情，驱其残忍之性，不得以为犹子而姑纵惜也。
>
> ——《板桥家书》

有人说，全世界最无私的父母大概就是中国父母了，只要自己有，只要孩子要，什么都愿意，他们无条件把孩子放在家庭的第一位，哪怕牺牲自己的一切。但同时，人们又认为，全世界最自私的大概也是中国父母了，他们在孩子身上倾注了毕生的心血，把自己的幸福全部寄托在孩子身上，一旦子女违背了他们的意愿，偏离了既定的方向，他们就绝望不安，把孩子们吊在了道德的十字架上，让他们时时受到内心亏欠感的折磨。

父母"望子成龙，望女成凤"的苦心是可以理解的，但是，他们在把自己逼迫得不幸的同时，也给孩子扣上了沉重的枷锁。孩子在这枷锁沉重的压力下不得不选择顺从，以至于不敢迈错一步，也不敢自作主张，久而久之，他们的乐观与自信消失殆尽，也忘记了自己想过的人生。

这类父母他们在生活中往往把孩子照顾得无微不至，哪怕用尽全部力量，也要为他们隔绝所有生活中的风霜。可是，正如台湾作家龙应台所说：

我慢慢地、慢慢地了解到，所谓父女母子一场，只不过意味着，你和他的缘分就是今生今世不断地在目送他的背影渐行渐远。你站在小路的这一端，看着他逐渐消失在小路转弯的地方，而且，他用背影默默告诉你：不必追。

父母与子女之间羁绊如此之深。可是，有些事，只能一个人做；有些关，只能一个人过；有些路，只能一个人走。父母无法陪伴孩子的一生，孩子的旅程只能由他们自己去走。作为父母，能为孩子做的只有给予他们无条件的接纳，坚定不移的支持，分享自己人生的经历和提供一些建议，帮他们建立起照顾自己的能力，最终成就他们自己。

父母之爱，是一场体面的退出。在退出时难免会有很多的不舍和无奈，可是爱他们，就给他们自由，让他们独立，去过他们自己想要的人生。

明代地理学家、旅行家和文学家徐霞客，名弘祖，字振之。通过他的名和字，可见父母对他寄予了殷切的期望，希望他能读书入仕，光宗耀祖。令父母意外的是，徐霞客无意于世俗功名，而钟情于地经图志，少年时即立下了"大丈夫当朝碧海而暮苍梧"的旅行大志。但他的父亲非常开明，没有强求他走科举入仕之路，而是鼓励他博览群书，为将来的外出游历做好知识储备。在徐霞客19岁那年，他已经做好了充足准备，但要外出考察之时，父亲病逝了，只留下了年迈的母亲，故而不忍成行。徐母心胸豁达，通情达理，她鼓励儿子说："身为男子汉大丈夫，应当志在四方。你出外游历去吧！到天地间去舒展胸怀，广增见识。怎么能因为我在，就像圈在篱笆里的小鸡，套在车辕上的小马，留在家里，无所作为呢?"

徐霞客听了这番话，非常激动，才决心去远游。在二十二岁那年，徐霞客头戴母亲为他做的远游冠，肩挑简单的行李，离开了家乡。从此，开始了他四次长距离的跋涉考察。历经三十余年，徐霞客的足迹遍及大半个国家，留下了约60万字的《徐霞客游记》，而这本书也被后人誉为"世间真文字、大文字、奇文字"。

可以想象，在徐霞客生活的时代，放弃科举这条正道，徐霞客的父母要独自忍受多少来自外界的非议和压力。在儿子四处游历之时，交通、通信都不发达，再加上所到地方大都十分危险，他的母亲又要承受多少? 她的想念、担忧都没有办法传达，但她还是选择给予包容和支持，实在令人钦佩! 也正因为有了徐霞客父母的理解和付出，才有了这位影响中国和世界的伟大地理学家的诞生。面对孩子的成长，父母可以帮助和引导，但不能粗暴地要求他们按照自己的思维去定位人生，在孩子的人生中要懂得体面地退出。

二、孝悌

1. 孝的三个层次

汉朝有一个闻名的孝子，名叫董永，家里非常贫困。董永的父亲去世后，无钱办丧事，他只好以身作价向地主借钱，埋葬父亲。丧事办完后，董永便去地主家做工还钱，在半路上遇一美貌女子。女子拦住董永，要董永娶她为妻。董永想到家贫如洗，还欠地主的钱，就死活不答应。那女子左拦右阻，说她不爱钱财，只爱他人品好。董永无奈，只好带她去地主家帮忙。那女子心灵手巧，织布如飞。她昼夜不停地干活，仅用了一个月的时间，就织了三百尺的细绢，还清了地主的债务。在他们回家的路上，走到一棵槐树下时，那女子便辞别了董永。相传该女子是天上的七仙女，因为董永心地善良，七仙女被他的孝心所感动，遂下凡帮助他。

夫孝，天之经也，地之义也，民之行也。

——《孝经》

如果要问，什么是中国传统最重要的美德？用一个字来表示，那就是"孝"。从汉字的构造上看，孝字上为"老"，下为"子"，意思是子能承其亲，能顺其意，体现了子女感激父母的养育之恩。从情感上说，血浓于水，父母对子女的爱是世界上最无私的爱，而子女也会将父母看成是最亲的人。因此，百善孝为先，看一个人是否懂得感恩，先得看其是否尽孝，如果连对生养的父母都不懂感恩，其他就免谈了。

"孝悌"二字经常连用，指孝敬父母、尊重长辈、友爱兄弟、关爱幼者的行为，是最为核心的家庭伦理。"仁孝"二字连用，即用对父母的孝，推及善待他人，泛爱万物。教育的"教"字，就由"孝"和"文"组成，为教育的根本。如孔子所说：

夫孝，德之本也，教之所由生也。

弟子入则孝，出则弟，谨而信，泛爱众，而亲仁，行有余力，则以学文。

后人在这个基础上，写成《弟子规》，变成了"首孝悌，次谨信，泛爱众，而亲仁，有余力，则学文"。这段话也是《弟子规》的总纲。

如何才能尽孝道？有人说，父母养育了我，作为回报，等父母老了，我也养他们，不就是报恩了吗？这其实是不全面的。曾子说："大孝尊亲，其次不辱，其下能养。"因此，孝可以分为三个层次：小孝、中孝、大孝。

第一个层次为小孝，这样的孝称之为"能养"，即子女恭敬地赡养父母。一个人成年后，有了事业，就不能做"月光族"，而应该关心父母的生活，供给父母衣食。但仅仅是供给父母衣食是不够的。《论语·为政》篇说：

子游问孝。子曰："今之孝者，是谓能养。至于犬马，皆能有养。不敬，何以别乎？"

子夏问孝。子曰："色难。有事，弟子服其劳；有酒食，先生馔，曾是以为孝乎？"

不要以为有钱给父母花，有房子给父母住，有衣服给父母穿，有饭菜给父母吃，就是"能养"了。其实，有些人对宠物的爱护也是如此，甚至可能对宠物的关心还要超过父母，岂不是父母反而不如宠物？所以，真孝在于真诚，真诚就是体贴父母、关心父母，这从脸色上也看得出来。孔子说"色难"，就是"能养"却脸色难看，那就不是真正的"能养"。

　　第二个层次为中孝，这样的孝是让父母不感到羞辱。俗话说："母亲心中有十个儿子，儿子心中没有一个母亲。"这句话揭示了人性中的某种弱点。有些人长大了，心中只有自己，不知道有父母，便为所欲为，生活中碰到不顺心的事就无理取闹，动不动就想跳楼，变成了父母的"心病"，这当然是不孝。《论语·为政》篇有一段微妙的对话：

　　孟武伯问孝。子曰："父母唯其疾之忧。"

　　孟武伯这个人出身贵族，骄奢淫逸，纵情声色犬马。他问孔子什么是孝？孔子答得非常有技巧。他说："父母一心为儿女的疾病担忧。"实际上孔子这是告诫孟武伯应节欲保身，免得父母操心。其实，每个人都会记得自己生病时父母是如何的焦急，而以同样的心情对待父母，这就是孝。"慈母手中线，游子身上衣。临行密密缝，意恐迟迟归。谁言寸草心，报得三春晖。"孟郊的这首《游子吟》反映了慈母对游子体贴入微的点滴心态，读来让人心生共鸣。

　　第三层是大孝，这样的孝就是"尊亲"。也就是古人说的"光宗耀祖"，让父母感到脸上有光。要做到这个层次，子女必须奋发图强，能够为社会、国家作出大贡献。《孝经》说：

　　夫孝，始于事亲，中于事君，终于立身。

　　立身行道，扬名于后世，以显父母，孝之终也。

　　按照《孝经》的说法，一个人能够真诚奉养父母，不让父母操心，那是孝的起点；能够完成父母未竟的事业，忠于国家，忠于职守，那是孝的展开。而要做到"立身行道，扬名于后世"，那更是非等闲所能为。立身行道，是要成圣成贤，能够成就一番伟业，做后世的楷模，这是尽孝的最高境界。

2. 尽孝要趁早

　　孔子在前往齐国的路上，突然听到有人在哭，声音显得很悲哀。孔子下车问道："先生，请问您是什么人呢？"那人回答："我叫丘吾子。"孔子问："您现在并不是服丧的时候，为何会哭得这样悲伤呢？"丘吾子哽咽地说："我此生有三个过失，可惜到了晚年才觉悟到，但已经追悔莫及。"孔子便问："可以说给我听听吗？"丘吾子悲痛地说："我年轻时喜欢学习，可等我到处寻师访友，周游各国回来后，我的父母却已经死了，这是我第一大过失。在壮年时，我侍奉齐国君王，然而君王骄傲奢侈，丧失民心，我未能尽到为人臣的职责，这是我第二大过失。我生平很重视友谊，可如今朋友间却离散断绝了，这是我第三大过失。"丘吾子又仰天悲叹道："树欲静而风不止，子欲养而亲不待。往而不来者，年也；不可再见者，亲也。"便投水自尽了。

树欲静而风不止，子欲养而亲不待。往而不来者，年也；不可再见者，亲也。

——《孔子家语》

"树欲静而风不止，子欲养而亲不待"的悲剧，相信每个子女都"心有戚戚焉"。它如同当头棒喝：行孝须及时，趁现在好好地孝顺父母，不要等到他们都不在了才后悔莫及。与丘吾子的故事相似，发生在孔子学生子路身上的故事也令人感慨万分。据汉代刘向《说苑·建本》上记载：

子路曰："负重道远者，不择地而休；家贫亲老者，不择禄而仕。昔者由事二亲之时，常食藜藿之实而为亲负米百里之外。亲没之后，南游于楚，从车百乘，积粟万钟，累茵而坐，列鼎而食，愿食藜藿为亲负米之时，不可复得也。"

子路是春秋时期鲁国人，非常孝敬父母。他从小家境贫寒，经常吃野菜充饥，但他觉得自己吃野菜没关系，就怕父母营养不够，身体不好，很是担心。家里没有米，为了让父母吃到米，他必须要走到百里之外才能买到米，再背着米赶回家里。一年四季严寒酷暑，子路甘之如饴，毫无怨言。后来父母双双过世，他南下到了楚国，受到楚王重用，荣华富贵享之不尽，但他并没有因物质条件好而感到欢喜，因为他的父母已经不在了。他是多么希望父母能在世和他一起过好生活，即使他想再负米百里之外奉养双亲，也永远不可能了。

《庄子》有言：

事其亲者，不择地而安之，孝之至也。

孝顺自己的父母，无论自己处于什么样的境地，都能尽最大的努力使他们安心快乐，这就是最好的孝顺了。其实，子路可以说已经做得非常好了，在父母健在之时，他尽心尽力，没有丝毫懈怠，可是在父母去世之后他还为父母没有享受到荣华富贵而自责不已，更何况那些再也没有机会孝敬父母的子女们，他们的痛苦可想而知了。《论语》有云：

父母之年，不可不知也。

每一个赤诚孝顺的孩子，都曾在心底向父母许下尽孝的宏愿，相信"来日方长"，期望自己在功成名就、衣锦还乡的那一天，可以从容尽孝。可是我们却忘了时间的残酷，忘了人生的短暂，甚至忘记了父母年事已高。随着自己的成长，父母却不断地老去。所以父母的年龄，不可不铭记于心啊。也许生活之中我们也有很多不得已，因为求学、工作，或是因为成家、养育子女，总无法陪伴父母。人生总也有忙不完的事，一推再推之后，父母也一年比一年更加衰老了，那我们能奉养父母的时间，还有多少呢？孟子曰：

君子有三乐，而王天下不与存焉。父母俱存，兄弟无故，一乐也；仰不愧于天，俯不怍于人，二乐也；得天下英才而教育之，三乐也。

这就是"君子三乐"。在孟子看来，父母都健在，兄弟没有灾害，做人坦坦荡荡，既无愧于天也无愧于人，教育天下之英才这三种快乐，哪怕是称王天下也比不上。在父母还能陪伴在我们身边之时，让他们能安享天伦之乐，这是作为子女的义务，更是子女们莫大的幸福。

3. 为什么要提倡尊老爱幼?

孔融，字文举，东汉时期山东曲阜人，是孔子的第二十世孙，他是泰山都尉孔宙的第六个儿子。在孔融四岁的时候，有一天正好是他祖父六十大寿，来客很多。有一盘梨，放在寿台上面，母亲叫孔融把它分了。于是孔融就按长幼次序来分，每个人都分到了自己该得的一份，唯独给自己的那一个是最小的。父亲看见了，心里很高兴，就故意问孔融："这么多的梨，又让你先拿，你为什么不拿大的，只拿一个最小的呢?"孔融回答说："我年纪小，应该拿个最小的，大的留给哥哥吃。"父亲又问他："你还有个弟弟哩，弟弟不是比你还要小吗?"孔融说："我比弟弟大，我是哥哥，我应该把大的留给弟弟吃。"父亲听了哈哈大笑，连连称赞道："好孩子，真是一个好孩子!"

> 老吾老，以及人之老；幼吾幼，以及人之幼。
>
> ——《孟子·梁惠王上》

孟子在描述自己心目中的理想社会时说："老吾老，以及人之老；幼吾幼，以及人之幼。"敬重自己的长辈，进而也能敬重别人的长辈，抚爱自己的子女，也能以同样的心去抚爱别人的子女。在儒家看来，孝悌是德行之本，长幼有序、尊老爱幼是每个人都应该谨记于心并且落实在日常生活之中的。

尊老爱幼首先要从家里开始，一个不尊父母不爱小辈的人怎么能奢望他敬爱别人的亲人呢? 关于尊长事亲，孟子留下了很多的教导：

> 仁之实，事亲是也；义之实，从兄是也。

不得乎亲，不可以为人；不顺乎亲，不可以为子。

孝悌之事就是仁义之事。人是社会性的动物，每一个人都不能离开人群而独处。在众多的人际关系中，与家人的关系是最为密切的。倘若一个人对自己的亲人都是自私且刻薄的，那么这个人又怎么能对别人不自私呢，获得别人的信任呢？所以说，尊老爱幼，须从自己的家里做起。在家里，对自己的父母长辈，要懂得尊重和孝顺；和家里的兄弟姐妹相处，能够互相关心、互相友爱且以礼相待。这才算得上在自己家里真正做到了尊老爱幼。

一个尊敬亲长、友爱兄弟姐妹的人，自然而然也会尊敬别人的亲长，友爱别人的兄弟姐妹。然而，人的感情有亲疏之别，像对待自己亲人一样去待别人的亲人似乎违背了人性。其实，对于这个问题，在千百年前先哲前贤们就已经进行了深入的讨论。孟子曾说：

挟泰山以超北海，此不能也，非不为也；为老人折枝，是不为也，非不能也。

抱着泰山跨过北海，我们是做不到的，但是，尊重长辈，我们并不是做不到，而是不愿意罢了。可见，孟子的关注点并没有在我们为什么没能做到，在他看来，尊敬长辈是理所应当的，做不到只是一个借口罢了。关于这个问题，北宋理学家张载在他的著作《西铭》中给了我们一个很好的解答：

乾称父，坤称母；予兹藐焉，乃混然中处。故天地之塞，吾其体；天地之帅，吾其性。民，吾同胞；物，吾与也……尊高年，所以长其长；慈孤弱，所以幼其幼；圣，其合德；贤，其秀也。凡天下疲癃、残疾、惸独、鳏寡，皆吾兄弟之颠连而无告者也。

千百年来，张载这种"民胞物与"的思想得到了广泛的推崇。张载认为，世界上所有的生命都是上天赋予的，故而所有的人都是自己的同胞，万物与自己同类。尊敬年高者的意义，乃是为了礼敬同胞中那些年长的人；慈爱孤苦弱小者的意义，则是为了保育同胞中的幼弱之属。而天底下无论是老态龙钟之人或有残疾之人、孤苦无依之人或鳏夫寡妇，都是我们困苦而无处诉说的兄弟姐妹们，他们更需要我们的帮助。在此，可以说张载已经突破了传统血缘关系的束缚，为尊老爱幼的实践找到了更合理的理论依据。

三、敬爱

1. 尊重是爱的基础

春秋时期，晋国大臣郤芮因罪被杀，儿子郤缺也被废为平民，务农为生。郤缺不因生活环境和个人际遇的巨大变化而怨天尤人，而是一面勤恳耕作以谋生，一面以古今圣贤为师刻苦修身，德行与日俱增，不仅妻子甚为仰慕，就连初次结识的人也无不赞叹。一次郤缺在田间除草，午饭时间妻子将饭送到地头，十分恭敬地跪在丈夫面前，郤缺连忙接住，频致谢意。夫妻俩相互尊重，饭虽粗陋，倒也吃得有滋有味。此情此景，感动了路过此地的晋国大夫胥臣，一番攀谈，认为郤缺是治国之才，极力举荐他为下军大夫，后来郤缺立大功，升为卿大夫。

庐叙夫妇骖鸾侣。相敬如宾主。森然兰玉满尊前。举案齐眉乐事、看年年。

我家白发双垂雪。已是经年别。今宵归梦楚江滨。也学君家儿子、寿吾亲。

——张孝祥《虞美人》

夫妻关系是中国传统社会基本的五种人伦关系之一，与其他人际关系一样，婚姻也是需要经营的，而夫妻双方之间的互相尊重则是婚姻美满的重要前提。中国古代有一个成语叫作"相敬如宾"，它是指夫妻之间相互尊敬，如同对待宾客一样。"宾，所敬也。"可以说"相敬如宾"展现了美满婚姻生活的一种状态，这种状态就是以夫妻双方的相互敬重和感恩为基础的。

在当代社会，很多人尤其是年轻一代会对这一相处的法则不以为然，他们认为这样做会使婚姻生活缺少"打情骂俏"的趣味，这样的状态实在算不上甜蜜而幸福的婚姻。实际上，"相敬如宾"并没有那么狭隘，用现代人的说法它就是指夫妻在地位平等基础上互相敬重、爱护与感恩。相互尊重，才不会以爱之名，肆意侵犯伴侣个人隐私，也不会做过分的要求；相互尊重，双方才会将对方视为独立的人，而非将对方视为自己的附属；相互尊重，夫妻双方才能互相体谅，共同经营美满的婚姻生活。这样的"相敬如宾"是没有过时的，对它的遵守也不会影响夫妻之间的体贴与情趣。

古代夫妻间互敬互爱、相敬如宾的爱情故事不可胜数，其中"举案齐眉"的故事到现在仍然广为传颂。《后汉书·梁鸿传》有记：

为人赁春，每归，妻为具食，不敢于鸿前仰视，举案齐眉。

东汉诗人梁鸿，字伯鸾，年轻时家里很穷，由于刻苦好学，后来成为道德高尚的博学之士，闻名于国。其妻名叫孟光，生得皮肤黝黑，体态粗壮，但她喜爱劳动，没有小姐的娇怠习气。婚后两人隐居在深山里，共同劳动，互助互爱，彼此又极有礼貌，宛如神仙伴侣。梁鸿每天劳动完毕，回到家里，孟光总是把饭和菜都准备好了，摆在托盘里，双手捧着，举到与自己的眉毛一样高，恭敬地送到梁鸿面前去，梁鸿也高兴且恭敬地接过来，两人愉快地就餐。

但有人还是会对此产生误解，认为"举案齐眉"是封建社会中妇女没有社会地位、依附夫君的表现。其实，抛开这些偏见，梁鸿与孟光在贫苦的生活中，仍然能惺惺相惜、以礼相待，用恭敬的礼节表达着自己内心的感情，这才是最难能可贵的。也正是由于这一份真挚的情意，他们的故事历经千年仍然令世人感动与向往。

　　反观现实生活，很多夫妻由于缺乏必要的尊重和感恩，一旦吵起架来，往往只是肆无忌惮地发泄情绪。如果不加以控制，矛盾将进一步升级，出现口不择言，甚至大打出手的局面。俗语说：百年修得同船渡，千年修得共枕眠。说尽了共结连理的不易。珍惜缘分，懂得感恩与尊重在婚姻中至关重要。

　　此外，尊重还是一种充满智慧的"分寸感"。婚姻与恋爱的"温度"不同，恋爱是热烈而滚烫的，婚姻却是温暖而细腻的。在婚姻生活中，如果把握不好"温差"，过于炽热的爱往往在灼伤伴侣的同时，也伤害了自己，最终使婚姻走向破裂；倘若拿捏不准"分寸"，相爱的两个人，更是容易以爱的名义，因为自私伤害到对方，反过来让对方渐渐地失去对自己的爱。而相互的尊重则是一种夫妻间和谐相处的艺术——谨守夫妻之间适当的距离，懂得尊重对方，这才是更加理性、成熟和更高层次的爱。我们甚至可以这样说，相互尊重是爱的基础，而发自内心深处的尊重便是爱的最高境界。

2. 夫妻长久的秘诀

　　齐景公当政时期，晏子以自己的智慧德行，帮助景公治理朝政，深受景公器重。景公正好有一个心爱的女儿，年轻美貌，便想将女儿嫁给晏子。一天，齐景公到晏子家中做客，喝到尽兴的时候，景公正巧看到晏子的妻子，便向晏子问道："刚才那位是先生的妻子吗？"晏子答道："是的。"景公笑着说："嘻，又老又丑啊！寡人有个女儿，年轻貌美，不如嫁给先生吧。"晏子听后，向景公作礼道："回君上，如今臣下的妻子虽然又老又丑，但臣下与她共同生活在一起已经很久了，自然也见过她年轻美好的时候。妻子在年轻姣好的时候，将终身托付给我。她与臣一起生活了这么多年，君王虽然现有荣赐，可晏婴岂能违背她年轻时对臣的托付呢？"于是，晏子再拜了两拜，委婉辞谢了景公。景公见晏婴如此重视夫妻之义，便也不再提及此事。

夫为夫妇者，义以和亲，恩以好合。楚挞既行，何义之存。谴呵既宣，何恩之有。恩义具废，夫妇离行。

——《女诫》

夫妻关系是世间最特殊的关系，不是亲人却比亲人之间的相处更加亲密，其中最重要的就是一个"爱"字，要令"爱"天长地久就离不开一个"恩"字。因为有爱、有恩，夫妻关系才能一直维持下去，收获美满幸福的婚姻。倘若婚姻中缺乏对彼此的关怀与爱护，夫妻缘分也算是到头了，难免落得相看两厌甚至于劳燕分飞的局面。

脍炙人口的黄梅戏《天仙配》中唱道：

你耕田来我织布，我挑水来你浇园。寒窑虽破能避风雨，夫妻恩爱苦也甜。你我好比鸳鸯鸟，比翼双飞在人间。

在古人看来夫妻恩爱才是美满的婚姻，除了真情，还需要夫妻之间彼此关怀与爱护。爱中有恩，夫妻之情才会深沉淳厚；恩中含爱，这份感情才能细腻绵长。既恩且爱，哪怕再清贫的生活也能甘之如饴，收获温暖与幸福。

大诗人苏轼在其三首《陌上花》诗的引子中记载着一个夫妻恩爱的小故事，其引曰：

游九仙山，闻里中儿歌陌上花，父老云，吴越王妃每岁春必归临安，王以书遗妃曰："陌上花开，可缓缓归矣。"

这个浪漫的故事主人公是吴越王钱镠和他的夫人吴氏。吴氏十分贤淑，是横溪郎碧村的一个农家姑娘。她嫁给钱镠之后，跟随钱镠南征北战，担惊受怕了半辈子，后来成了一国之母。虽是年纪轻轻就离乡背井，但乡愁难解，吴氏年年都要回娘家住上一段时间，看望并侍奉双亲。每当夫人离开自己，钱镠总是十分挂念。倘若吴氏回娘家住得久了，便要带信给她，表达自己的思念、问候与催促之意。从临安到郎碧要翻一座峻岭，一边是陡峭的山峰，一边是湍急的溪流。钱镠怕夫人的轿舆不安全，行走也不方便，就专门拨出银子，派人前去铺石修路，路旁边还加设栏杆，后来这座山岭就改名为"栏杆岭"。有一年，吴妃又去了郎碧娘家，钱镠在杭州料理政事，一日走出宫门，所见之处皆是桃红柳绿，万紫千红，想到与夫人已是多日不见，不免又生出几分思念。回到宫中，便修书一封，虽则寥寥数语，却情真意切，细腻入微，其中有这么一句：

陌上花开，可缓缓归矣。

这让吴妃十分感动，当即落泪，此事传开去，一时成为佳话。短短的九个字，既没有畅抒爱意之词，也没有直表思念之语，可清代学者王士祯却评价说，此二句艳称千古。没错，这句话的确有这样的"魔力"，直至今天，当我们再次品读这句话，仍然能被它的平实温馨所打动。一封再普通不过的家书，一句"陌上花开，可缓缓归矣"的浅浅叮咛，一方面传神地体现了钱镠在姹紫嫣红的春天，没有夫人相伴时的思念之情，另一方面，"缓缓"二字也传达了对夫人归程路途安全的担忧，希望夫人可以一边赏花，一边慢慢地回来，深沉内敛的爱意跃然纸上。

结发为夫妻，恩爱两不移。夫妇之道当如此：

恩爱亲昵，同心异形。尊奉敬慎，无骄慢情。善事内外，家殷丰盈。接待宾客，称扬善名。

恩爱亲昵、互相尊敬、相互扶持是幸福婚姻所必需的，其中，夫妻恩爱最为根本。如果只是停留在互相尊重和相互扶持上，婚姻生活就会缺失甜蜜，夫妻关系也变成了冷淡的合作关系。夫妻之间只有恩爱有加，才能真正把对方视作自己要携手一生的至亲至爱之人。也只有这样，才能谨守"执子之手，与子偕老"的神圣誓约。

3. 神仙伴侣也要经受柴米油盐的考验

唐太宗登基后生过一场重病，缠绵床榻累年，长孙皇后悉心照料，昼夜不离左右。唐太宗和长孙皇后自少年结发，共同进退十多年，即使在生死攸关之际都互不离弃。因感念丈夫对自己付出的真心实意，长孙皇后将毒药系在腰间，准备"若有不讳，亦不独生"。贞观八年（634），在九成宫的某夜，柴绍突来告变，太宗立刻穿上盔甲，同房就寝的长孙皇后，见丈夫全副武装，不顾自己病体虚弱，立即紧跟太宗而出。左右竭力劝说她应以身体为重，然而长孙皇后顾念着丈夫，不惜自身病情加重，执意随从丈夫，直至此事完结。危难中的生死相随，增进了唐太宗与长孙皇后在相知相守岁月中的浓情深意。无论夫妻俩身份如何改变，始终不渝。长孙皇后去世后，当太宗面对长孙皇后的遗作，悲痛欲绝，亲口对侍臣说出"我岂不知道皇后之崩是天命而不得不割情？只是想到失去贤妻良佐，仍然克制不住悲伤啊"时，二人的情深意笃已然昭显。

> 身无彩凤双飞翼，心有灵犀一点通。
>
> ——李商隐《无题·昨夜星辰昨夜风》

不幸的夫妻各有各的不同，而幸福的夫妻则有着相同的特质。《诗经·小雅·棠棣》中，把夫妻之间幸福的生活描述为"妻子好合，如鼓琴瑟"，夫妻恩爱甜蜜，像弹奏琴瑟声调和谐。"琴瑟和鸣"也因此被中国古代社会当作夫妻相处的完美境界。夫妻与共，首先就表现在心灵契合，有共同的情趣与目标。两个人在凡俗生活中彼此携手，内心相依，这应该是夫妻间幸福生活的普遍法则。

最理想化的一对夫妻非赵明诚、李清照莫属，后人羡慕他们精神上平等，生活中雅致而有情趣，称他们为"伴侣型婚姻"。他们的婚姻生活集中展现在李清照所写的《〈金石录〉后序》中。两人新婚时，李清照 18 岁，赵明诚 21 岁。赵、李二人都是书香门第出身，特别是李清照，从小才思敏捷，又接受了良好的家庭教育。在这种书香环境中，李清照成了一个敏感又才华横溢的女子。李清照的才华不仅仅停留在书卷册页上，还在书法字帖的品读、文玩鼎彝的把玩等方面颇有造诣。而赵明诚在刚成婚时还是一个太学生，虽然功课繁重，他还是要每半个月请假去一趟相国寺，用典当衣物所得之钱购买碑帖与果品，回家之后，两人展读碑帖，咀嚼果品。两人在把玩金石碑帖之外，还共同读书、校勘古书，留下了"赌书消得泼茶香"的典故：两人吃罢饭、烹好茶，相互提问所读书中的内容，考校彼此的记忆力，记对了的饮茶，如此反复，玩到高兴处竟然把茶倒在衣襟之上。夫妻二人志趣相投，心灵契合，共同经营了一种高雅、精致的精神生活。这种"同声若鼓瑟，和韵似鸣琴"式的幸福生活，被历代文人所艳羡，成为完美夫妻的典范。

但是，"理想很丰满，现实很骨感"。现实生活总是比理想残酷得多，伴随着各种不确定性。生活不可能永远一帆风顺，神仙伴侣也要面临"柴米油盐酱醋茶"的考验。生活中的大风大浪甚至于日常琐碎都不断地考验着婚姻。我们应该怎么办呢？如果处理不好，就会让夫妻感情受到一次又一次伤害，夫妻之间的深厚感情也会在一次次挫折中磨损。所以维护经营婚姻，需要夫妻双方心往一处使，共同探讨对策，互相鼓励，共同前行。

梅尧臣被誉为宋诗的"开山祖师"，他的妻子谢氏出身名门，知书达理、美丽贤惠且治家有方。谢氏与梅尧臣感情甚笃，恩爱非常，同甘共苦。在梅尧臣碰到挫折和不如意之时，她总是温柔地加以鼓励和信任，这让丈夫十分感动。梅尧臣《次韵永叔乞药有感》诗曰：

> 吾妻希孟光，自春供梁鸿。荏苒岁月久，颜丹听益聪。

梅尧臣把妻子比喻成孟光，把自己比喻成梁鸿，相互爱慕、相互敬仰之情跃然纸上。梅尧臣动情地说：

> 吾穷于世久矣。其出而幸与贤士大夫游而乐，入则见吾妻之怡怡而忘其忧，使吾不以富贵贫贱累其心者，抑吾妻之助也。

梅尧臣家贫，除了朋友们的陪伴，更有妻子谢氏的帮助，让他不再因贫困而累心，即使在清贫的生活中也能怡然自得。又有《初冬夜坐忆桐城山行》诗云：

> 我昔吏桐乡，穷山使屡蹑。路险独后来，心危常自怯。下顾云容容，前溪未可涉。半崖风飒然，惊鸟争堕叶。修蔓不知名，丹实坼在荚。林端野鼠飞，缘挽一何捷。马行闻虎气，竖耳鼻息嗅。遂投山家宿，骇汗衣尚浃。归来抚童仆，前事语妻妾。吾妻常有言，艰勤壮时业。安慕终日间，笑媚看妇靥。自是甘努力，于今无所慑。老大官虽暇，失偶泪满睫。书之空自知，城上鼓三迭。

这首诗写在妻子谢氏过世后，是一首悼亡诗。梅尧臣回忆起桐城往事，时值新婚宴尔与从仕之初，刚刚步入人生的坚实阶段。梅尧臣自述一次独行荒山、险些遇虎的惊险经历，当他碰到艰危境遇时"心危常自怯"，慌乱失措以至于难以从容应付。是妻子谢氏让梅尧臣振作起来，鼓励他不畏艰险，面对困难挫折而无所畏惧，成就一番事业。因此，谢氏当时的鼓励与告诫让他终身受用，铭感不忘。

所以，好的夫妻一定是能够在事业上相互扶持，勠力同心的；在生活上为对方着想，共进共退的。古往今来，多少成功人士背后，都离不开伴侣的鼓励和支持。家庭和谐要夫妻双方共同努力，不离不弃，共同患难。无论是赵明诚和李清照的琴瑟和鸣、心灵相通，还是梅尧臣与谢氏的温暖陪伴、勉励共行，休戚与共、同甘共苦才是婚姻的真意所在。

4. 怕老婆又何妨

清末名将张曜一生中屡建奇功，他的妻子貌美而多才。张曜本来是个大老粗，大字不识，娶妻以后就跟着妻子认真学习，并且像学生对待老师那样对待她。其妻经常责骂他，他也能非常高兴地接受，后来竟然也粗通文墨。在担任山东巡抚时，张曜经常向属下夸赞其妻子的能力，还问手下的人："你们怕老婆吗？"有些人笑着说"不怕"，这位巡抚大人立马大怒，说道："你好胆大，连老婆都敢不怕？"闻者无不忍俊不禁，也为他如此爱护、尊重妻子感到敬佩。

> 不恕于妻而能恕于人，吾不信也。
>
> ——唐甄《潜书·夫妇》

家太平凡了，再温馨的家也充满琐碎的重复。夫妻在琐碎的日常相处中，往往会流于平淡。也正因为如此，人们难免会回忆初恋时的心动与美好。究其原因，大凡在结婚以前彼此都还有一段距离，说话很注意分寸与礼仪，彼此的美好其实就在这距离和分寸上。然而，结婚之后，两人朝夕相处，慢慢地变得不再讲究，一举一动也失去了该有的恭谨谦和，动辄就会因为鸡毛蒜皮的小事而意见相左，甚至于大吵特吵。人们常说，牢固的婚姻要以相互信任为前提，这当然不错，但还不够，必须加上互相理解与宽容才行。

清朝学者唐甄有一句名言：

不恕于妻而能恕于人，吾不信也。

一个男人，如果对自己的妻子十分苛刻，动辄发怒，必见其器量之小。很多男人对自己婚姻的满意度不高，妻子联系得太多，觉得负担重，联系太少，又觉得不够体贴；觉得全职的管家太太俗气，能干的事业女强人又不够温柔。其实，只有长处没有短处的人在哪里呢？扪心而问，自己又完美到什么程度呢？"严于律人，宽以待己"是永远做不到尊重、谅解与宽容的，这样不知足的人婚姻生活怎么可能会幸福呢？

同样，作为妻子能善解人意，对于丈夫的过失不斤斤计较，反而能减少自己的烦恼，让自己的婚姻更加和谐。钱锺书与杨绛被世人称为"贤伉俪"。1935年二人结为夫妇，谁想满腹经纶的大才子在生活上却出奇的笨拙，杨绛在牛津坐月子时，钱锺书在家老是"闯祸"。台灯被弄坏了，杨绛说"不要紧"；墨水染了桌布，"没关系"……钱锺书心里虽有惭愧，但更多的是对爱妻的感激与珍爱。就连钱锺书的母亲都感慨这位儿媳，"笔杆摇得，锅铲握得，真是上的厅堂，下得厨房，入水能游，出水能跳，锺书痴人痴福"。杨绛能宽容钱锺书的书生痴气，没有责怪钱锺书在生活中的笨手笨脚，在生活中把丈夫照顾得无微不至。这样善解人意、宽容大度的妻子，令钱锺书感动不已。他曾用一句话，概括他与杨绛的爱情：

绝无仅有的结合了各不相容的三者：妻子、情人、朋友。

两人相濡以沫，互相扶持，共同经营着温馨的"围城之内"的生活。

美满和谐的婚姻是人们追求的目标。谁都想寻觅一位优秀的伴侣，拥有一场完美的婚姻。其实，要想拥有美满的婚姻，夫妻双方应掌握相处的艺术。须知，婚姻不是美丽的幻想，它伴随着许多不温情的现实。任何人的婚姻，都不可能一帆风顺，夫妻双方都应常怀宽容之心，遇事能够互相体谅、包涵。

四、勤劳

1. 勤劳惜福，家业长久

齐国的国氏家财万贯，宋国的向氏家徒四壁。向氏来到齐国向国氏请教致富的秘诀。国氏说："我之所以富裕，是因为善于'偷盗'。当初我也很穷，但自从开始'偷盗'，第一年的财富就够开支了，第二年的生活就十分富足，第三年就家业兴旺了……"向氏还没听完后面的话，就高兴地回去做小偷了。没过多久，向氏就因盗窃被官府问罪。他非常恼怒，认为国氏欺骗了自己，于是登门大骂。国氏问清原委后，感叹道："唉！你把'偷盗'的方法用错了。我偷天时地利，让雨水滋养我的庄稼，偷山石木材来建我的房屋。水中鱼鳖，陆上禽兽，没有我不偷的。这些都是天生出来的东西，并非我原本所有，所以我才说是'偷盗'。我依靠自己的辛勤劳动，向自然界索取财富，当然不会有罪过。而你不偷自然之物，却盗窃他人的劳动成果，因此被问罪又能怪谁呢？"向氏听后惭愧不已。

民生在勤，勤则不匮。

——《左传·宣公十二年》

古今中外，世界上没有哪一个民族会鼓励懒惰。美国的科学家、社会活动家富兰克林有一句著名的格言："我未曾见过一个早起、勤奋、谨慎、诚实的人抱怨命运不好。良好的品格，优良的习惯，坚强的意志，是不会被假设所谓的命运打败的。"

自古以来，中华民族是一个以勤劳勇敢著称的民族。我们崇尚勤劳致富，强调通过自己的不懈奋斗与努力，获取财富，实现个人价值。众所周知，中国是一个农业大国，农耕历史悠久，底蕴深厚。在这样的文化背景之下，人们习惯于男耕女织、自给自足。早在先秦时期，中国民间流传的《击壤歌》，就生动地展现了上古时代的生活图景：

日出而作，日入而息。凿井而饮，耕田而食。

对于一个讲究自食其力、自给自足的家庭来说，勤劳尤其重要。唯有辛勤劳作，才能在有限的土地中获得更多的生活资料。倘若一味疲懒懈怠，不思劳作，最终只能挨冻受饿，自食恶果。《韩非子·五蠹》篇就记载着一个"守株待兔"的典故：

宋人有耕田者。田中有株，兔走触株，折颈而死。因释其耒而守株，冀复得兔。兔不可复得，而身为宋国笑。

相传在战国时代的宋国，有一个农民，遇到好年景，即使天天耕作，也不过刚刚吃饱穿暖。一遇灾荒，可就要忍饥挨饿了。他想改善生活，但他太懒了，没有作出任何改变。一次，好运突然降临在这个人身上。这一年秋天，他正在田里耕地，有一只兔子，正好不偏不倚，一头撞死在他田边的树根上。当天，他美美地饱餐了一顿。从此，这个农民便不再种地，一天到晚，守着树根，期待着第二次好运。最后自家的田地荒废了，他几乎饿死，成为宋国的笑柄。

期待天上掉下馅饼，无疑是愚蠢的。"民生在勤，勤则不匮"可谓是古人从自己生活中总结出来的金科玉律。

人们常说："勤能补拙，勤劳致富。"只要不惜力，肯下力，踏踏实实不虚浮，就有望收获丰硕成果。即使富可敌国的人，一旦放弃勤劳，贪图享受，也有可能变得一贫如洗。

清代客居在江苏扬州的徽商巨富江春，为清乾隆时期"扬州八大总商"之首。因其"一夜堆盐造白塔，徽菜接驾乾隆帝"的事迹，而被誉作"以布衣结交天子"的"天下最牛的徽商"。在担任"两淮盐业总商"的四十年中，他充分发挥了自己的谋略与才华，成为当时徽商的中坚人物，可谓富可敌国。由于钱财得来容易，因此他非常不珍惜，及至晚年只顾贪图享乐，将千万家财耗费一空。

可见，要想永葆家业，关键还在于勤劳致富，节俭持家。通过自己的诚实劳动，踏踏实实地走好每一步，才是正途。在富裕起来之后，也应该"常将有日思无日，莫待无时思有时"，时刻警惕自己疲懒懈怠、贪图享乐的思想。

当今社会，人类虽然已经从传统的农业时代跨进了现代工业时代、商业时代、信息化时代，但是，这绝不意味着勤劳、苦干精神已经过时。最深刻的真理，往往是最简单、最朴素的。劳动的形式可能会随着时代的变化而变化，但熔铸在其中的勤劳坚韧、吃苦耐劳的精神，却始终不会改变。

2. 家庭兴旺看早起

祖逖与刘琨感情深厚，志趣相投，兄弟俩还有着共同的远大理想，希望建功立业，成为国家的栋梁之材。一次，半夜里祖逖在睡梦中被远处传来的鸡叫声惊醒，便把刘琨叫醒说："你听到鸡叫声了吗？"刘琨侧耳细听了一会儿，说："是啊，是鸡在啼叫。不过，半夜的鸡叫声是恶声啊！"祖逖一边起身一边说："这不是恶声，而是催促我们快起床的叫声。"刘琨跟着穿衣起床，两人来到院子里，拔出剑来对舞，直到曙光初露。后来他们每天鸡叫后就起床练剑，剑光飞舞，剑声铿锵。冬去春来，寒来暑往，从不间断。功夫不负有心人，经过长期的刻苦学习和训练，他们终于成为能文能武的全才，被朝廷赏识。祖逖被封为"镇西将军"，实现了他报效国家的愿望。而刘琨则做了"征北中郎将"，兼管并、冀、幽三州的军事，也充分发挥了他的文才武略。

> 勤字功夫，第一贵早起，第二贵有恒。
>
> ——《曾国藩家书》

自古以来，"盛不过三代"是大多数官宦之家很难逾越的魔咒。但是，历史上也有部分家族长盛不衰。曾国藩的曾氏家族就属于后者，代有英才，至今长盛不衰。有人发现，曾国藩留给后代的"家训"起到了决定性的作用。

曾国藩有一个判断家庭兴败的方法，即只需看三个地方就够了。

第一看子孙睡到几点。假如睡到太阳都已经升得很高的时候才起来，那代表这个家族会慢慢懈怠下来。

第二看子孙有没有做家务。因为勤劳的习惯影响一个人一辈子。

第三看后代子孙有没有在读圣贤的经典。因为人不学，便不知礼义，不懂知识。

所以说，"勤"是一个家庭兴旺发达的根本，"惰"则是败家的征兆。曾国藩在写给弟弟曾国荃的家书中告诫说："欲去惰字，总以不晏起为第一义。"早起是去除懒惰的最好方法。他推崇早起，以早起为第一要做好的大事。

> 一年之计在于春，一生之计在于勤，一日之计在于寅。春若不耕，秋无所望；寅若不起，日无所办；少若不勤，老无所归。

寅时，也就是凌晨三点到五点。一天中，清晨是最重要的，古人讲日出而作，日落而息。为什么要早点起来？从中医讲，这个时候起床对身体有很多好处。但现在的人多熬夜，很少有人能够在这个时间起床。据了解，现在能够做到寅时起床的只有佛教徒了。佛教徒修行讲究"精进"，不懈怠，有的寺庙早上的"功课"定在四点甚至三点。

从事业上看，凡事预则立，不预则废。万事早做打算，做好时间规划，它能让你做每一件事时都不着急、焦躁，而是有条不紊，从容自信，进而收获更多。而早起则是最基础的，也是最有效的行动。早晨的时间很宝贵，人的思维在早晨更是清晰，适合学习、运动和思考。篮球运动员科比曾说："你知道洛杉矶凌晨四点钟是什么样子吗？""每天洛杉矶早上四点仍处于黑暗之中，我就起床行走在黑暗的洛杉矶街道上。十多年了，洛杉矶早上四点的黑暗，没有丝毫的改变，但我却已经变成了肌肉强健，有体能、有力量，有着很高投篮命中率的运动员。"看来，早起的人真的"赚翻了"。

"莫道君行早，更有早行人。"在我们的生活中，有精英与普通人之分。而精英之所以成为精英，就在于他们有极强的时间管理能力，即使生活再忙，生活再累，一切也可以进行得有条不紊。他们目标明确，懂得早做准备，甚至把自己的任务落实到每一天。而早起在他们看来，是最划算不过了。比别人早起一个小时，一年就多了 365 个小时专注于自己的领域，不断提升自己。然而，大部分人却并不会把早起视作多大的事情，往往随性而起，想起才起。长久以往，就养成了懈怠懒惰的习性，整日浑浑噩噩，过得越来越焦虑，越来越痛苦。老子在《道德经》中说：

天下难事必作于易，天下大事必作于细。

难事从容易处开始，大事从细节开始。早起就是将来做难事、大事的基础。小事情做不好，想做大事，是不可能的。曾国藩早就洞悉了这一点，因此，他把早起这种"看似无关紧要的生活小节"，当成自己修身养性、锻炼意志的头等大事。这是非常有道理的，早起不仅仅是一个形式，而是习惯的养成，背后则是意志力的表现。一个终身早起的人，他的内心是坚定的，是自律的，是可信赖的。

"勤字功夫"不仅仅是早起，而且贵在有恒。一个人勤一天容易，勤两天容易，但是勤十天、二十天很难，一直坚持勤下去更难。没有恒心，最终只会功亏一篑。很多人在受到榜样的鼓励后，都会像打了鸡血一样亢奋，跃跃欲试。然而，坚持下去是很难的，很多人在"三天打鱼，两天晒网"中放弃了，什么"愚公移山""精卫填海"早就忘到九霄云外。曾国藩所谓"一勤天下无难事"，看似一句平实的话，却蕴含深刻的成功智慧。

五、节俭

1. 一粥一饭，当思来之不易

春秋时代的贵族季文子，为官三十多年，仍俭朴如初，并要求家人也过俭朴的生活。他穿衣只求朴素整洁，所乘坐的车马也极其简单。有个叫仲孙它的人对他说："你身为上卿，德高望重，但不注重容貌服饰，这样不是显得太寒碜了吗？"季文子严肃地说："还有许多人正在吃着粗糙的食物，穿着破旧的衣服，甚至还有人正在受冻挨饿，如果我装扮妻妾，精养粮马，这哪里还有为官的良心！"这一番话，说得仲孙它满脸羞愧，但对季文子更加敬重。此后，他也效仿季文子，十分注重生活的简朴，反对铺张浪费，要求妻妾只穿用普通布做成的衣服，家里的马匹全用谷糠、杂草来喂养。

> 子曰："贤哉回也！一箪食，一瓢饮，在陋巷，人不堪其忧，回也不改其乐，贤哉回也。"
>
> ——《论语·雍也》

"节俭"是古今通用的美德。古希腊哲学家柏拉图所列举的"智慧、勇敢、正义、节制"，后来被人称作"经典四美德"。其中，节制就包含了节俭的内容。中国自古以来就有"恶奢侈、倡俭朴"的传统。在《颜氏家训》《朱子治家格言》《曾国藩家书》等众多家训中，虽然内容各有所重，但劝俭都是不可或缺的。千古良相诸葛亮曾告诫其子："夫君子之行，静以修身，俭以养德，非淡泊无以明志，非宁静无以致远。"可见，节俭无论对修身养性还是对成家立业都是至关重要的。

节俭，简单地说，就是忌挥霍，寡物欲，不贪心。

一个生活俭朴的人懂得尊重与感恩。我们从小就受到许多关于节约的教育。"锄禾日当午，汗滴禾下土。谁知盘中餐，粒粒皆辛苦。"唐代李绅的《悯农》诗几乎家喻户晓。教育我们粮食来之不易，要学会珍惜，懂得节约。朱柏庐《朱子家训》说：

一粥一饭，当思来之不易；半丝半缕，恒念物力维艰。

我们生活中所需要的每一样东西，大到住房、汽车，小到一粥一饭、半丝半缕，都是靠人辛勤劳作而来的。意识到这一点是非常必要的，在我们铺张浪费的时候，想想是不是对辛辛苦苦工作的人是一种辜负呢？所以，学会珍惜我们所拥有的一切，尊重别人付出的劳动，自然就能懂得感恩他人和感恩生活。

俭朴使人自律。现代人越来越认识到，极简主义其实是一种生活智慧。因为人一旦生活俭朴，私心杂念就会减少，生活也会更加简单轻松。反之，奢侈浪费者则往往会被自身的欲望所裹挟，不可自拔。2 500 年前的《道德经》就指出：

五色令人目盲；五音令人耳聋；五味令人口爽；驰骋畋猎，令人心发狂；难得之货，令人行妨。是以圣人为腹不为目，故去彼取此。

过于沉溺于感官上的享受，只会妨碍人们平和宁静的心境。一味追逐外物的刺激，会让人变得头昏目眩，难以自制。

商朝最后一个君主帝辛，后世称为商纣王，本来天资聪颖，才智过人，深得民心。刚继位的时候，大家都认为他会成为一代明主。有一天，在朝堂上议事完后，纣王忽然拿出一双精致美观的象牙筷子，请大臣们观看。纣王的叔父箕子看了这双筷子后，却忧心忡忡，不说一语。退朝之后，大臣们忙问缘由，箕子解释说："我看到了这双象牙筷子，就担心大王会变坏呀！"众臣不解，箕子说："这样好的筷子，大王肯定不会把它放在土制的碗碟上，它该配上一些玉制的碗碟。有了玉筷、玉碗碟、玉杯，吃什么呢？像豆角、豆叶之类的东西，恐怕大王也不乐意吃了，他必然要在这样的碗碟里装上山珍海味来吃才感到满足。而有了这些后，他肯定不会再愿意穿粗布短衣站在茅屋草棚下用餐，就会要人费时织衣、盖房。如果这样长久下去，人们就会对他不满，他就会对不满者镇压，必然变得残暴。那时候，你我还能站在这朝堂上吗？"大家只当是个笑话。然而，没过几年，纣王果然变得荒淫无道，最终被武王逼上鹿台，身死国灭。

贪欲是人性最大的弱点，没有节制的欲望将是永无止境的。人人都想过好日子，这本无可厚非，但是过于奢华有可能造成灾难性的后果。老子说："少私寡欲，见素抱朴。"追逐声色享乐，不但不能收获真正的幸福，反而失去了内心最淳朴的本性。俭朴之人是克制、自律的，他们能在充满诱惑的世界中保持赤子之心，能不被欲望所役使，这样的人才是生活中真正的智者。

俭朴能培养人吃苦耐劳的精神。"劳生俭，逸生侈。"俭朴往往与勤劳相连，"好逸"与"恶劳"总是天生的一对。俭朴，能让人在艰苦清贫的生活中，不惧困难，保持斗志，奋力前行，做到贫贱不移；也使富贵人家，不安于现状，牢记根本，实现富贵不淫。

曾国藩虽然位列公卿，富贵及顶，亦告诫子弟切不可丧失勤俭治家的根本。同治三年（1864），曾国藩夫人、女儿、儿媳妇来到安庆督署，却要自纺棉纱。堂堂督署后院，终日响着纺车声，毫不懈怠。可见曾国藩治家之严。也正是这样把勤俭作为治家之本，曾家的后代几乎没有出现纨绔子弟。

2. 以俭养德

朱元璋当上皇帝后，老百姓的生活并不好过，但达官贵人却穷奢极欲，花天酒地。朱元璋十分担忧，怕如此下去大明朝也要亡，决心整治这股奢侈风气。适逢皇后生日，群臣都来贺寿。待全部坐下之后，朱元璋吩咐上菜：第一道菜是炒萝卜，第二道菜是炒韭菜，第三道是两大碗青菜，最后一道是葱花豆腐汤。众臣不解，朱元璋解释道："萝卜上了街，药店无买卖；韭菜青又青，长治久安定人心；两碗青菜一样香，两袖清风好丞相；小葱豆腐青又白，公正廉洁如日月。"大臣听罢知道朱元璋的用意。朱元璋当众宣布："今后众卿请客，最多只能'四菜一汤'，这次皇后的寿筵即是榜样，谁若违反，严惩不贷。"此后，"四菜一汤"由宫廷传到民间，并有了"皇帝请客，四菜一汤，萝卜韭菜，着实甜香；小葱豆腐，意义深长，一清二白，贪官心慌"之民谣，广为流传。

> 春种一粒粟，秋收万颗子。
> 四海无闲田，农夫犹饿死。
> ——李绅《悯农》

美国畅销书作家杰克·霍吉说过一句经典名言："思想决定行为，行为决定习惯，习惯决定性格，性格决定命运。"谁都知道节俭是一种美德，但要使节俭成为生活习惯和个人的品格，进而能够立身、立家、立国，却非易事。中唐著名政治家陆贽曾说过：

不节，则虽盈必竭；能节，则虽虚必盈。

真正俭朴的人，能珍惜自己所拥有的一切，锐意进取，毫不懈怠，成就一番事业。而豪奢之人，不能控制自己的享乐思想，沉浸在奢靡的生活中无法自拔。这种人大手大脚惯了，一旦无以为继，邪念顿生，甚至于陷入犯罪泥淖。所以说，节俭是致福之根，奢侈为惹祸之源。

在奉行节约方面，日本可谓是做到了极致。在这个国家，节约早就成为一种个人习惯和社会共识，浪费可耻也早已经深入人心。日本是一个资源匮乏的岛国，但他们的能源利用效率是发达国家的两倍之多，这是因为他们的节约意识已经贯穿于社会的生产结构与消费结构之中了。譬如，号称"车到山前必有路，有路必有丰田车"的日本丰田公司，之所以能够在市场上占有这么重的份额，成为著名的跨国公司，主要是因为节油技术，这成为丰田公司的核心竞争能力。此外，他们在成本管理上也奉行节约，劳保手套破了要一只一只地换，办公纸用了正面还要用反面，厕所的水箱里放一块砖用来节水。节约意识如此强烈，节约行为落实到如此细微之处，不禁令人赞叹。一个资源如此匮乏的岛国，甚至连食物都要依赖进口，正是由于这份危机意识，使得国民懂得居安思危，让节约成为日本国民的集体意识。

古人云："勤俭可以兴国，逸豫可以亡身。"节俭则昌，淫逸则亡，这是一个亘古不变的道理。

隋炀帝西巡后的第二年，西域二十七个小国的国君相约到东都洛阳朝拜隋炀帝。隋炀帝西巡时，曾经吹嘘大隋帝国的富饶。隋炀帝是一个极度爱面子的国君，他决定在西域各国面前炫耀一下，于是文艺演出、招待、服饰极尽奢华。据说，当时东都和西都的丝绸一夜间全部被政府买空了。西域诸国国君和随从无论走到哪里，看到的都是身穿丝绸衣服的人，听到的都是美妙的音乐，吃到的全是免费的美食美酒。于是，西域人感叹道："大隋王朝真的是富得流油！"隋炀帝接着又进行了南巡、北巡，耗资一次比一次多，排场一次比一次大，可老百姓的负担却一天比一天重。最终，老百姓不堪忍受繁重的赋税，纷纷起来反抗。隋炀帝最后也被自己的部下杀死。司马光曾说：

> 侈则多欲。君子多欲则念慕富贵，枉道速祸。

奢侈不是君子之德。奢侈往往体现了一个人的虚荣心与炫耀欲望。这种虚荣心和炫耀欲望膨胀到一定程度，必然会自我陶醉，不顾实际而肆意妄为，最终导致不可挽回的结局。一个国家如此，一个家庭不也一样吗？

3. 做有智慧的"铁公鸡"

东晋有个大官叫吴隐之，他幼年丧父，跟母亲艰难度日，养成了勤俭朴素的习惯。做官后，他依然厌恶奢华，不肯搬进朝廷给他准备的官府，多年来全家只住在几间茅草房里。之后，他的女儿出嫁，人们想他必定会好好操办一下，谁知大喜这天，吴家仍然冷冷清清。谢石将军的管家前来贺喜，看到一个仆人牵着一条狗走出来。管家问道："你家小姐今天出嫁，怎么一点筹办的样貌都没有？"仆人皱着眉说："别提了，我家主人太节俭了，小姐今天出嫁，主人昨日晚上才吩咐准备。我原以为这回主人该破费一下了，谁知主人竟叫我这天早晨到集市上去把这条狗卖掉，用卖狗的钱再去置办东西。你说，一条狗能卖多少钱，我看平民百姓嫁女儿也比我家主人气派啊！"管家感叹道："人人都说吴大人是少有的清官，看来真是名不虚传。"

> 今有施则奢，俭则吝；如能施而不奢，俭而不吝，可矣。
> ——《颜氏家训》

"铁公鸡——一毛不拔"，是句家喻户晓的歇后语，"铁公鸡"是极端吝啬、特别抠门的代名词。明代袁枚《子不语》卷22记载了一个让人过目难忘的"铁公鸡"形象：

济南富翁某，性悭吝，绰号"铁公鸡"，言一毛不拔也。忽呼媒纳妾，价欲至廉，貌欲至美，媒笑而允之。未几，携一女来，不索价，但取衣食充足而已。翁大喜过望，女又甚美，颇嬖之。

一日，女置酒劝翁曰："君年已老，需此多钱无用，何不散之贫人，使感德耶？"翁大怒拒之，嗣后且防之，虑其花费。如是者半年，启其所藏，已空矣。翁知女所窃，拔刀问之，女笑曰："君以我为人乎？我狐也。君家从前有后楼七间，是我一家所居，君之祖父每月以鸡酒相饷，已数十年。自君掌家，以多费故罢之，转租取急，俾我一家无住宿处。怀恨在心，故来相报耳。"言讫不见。

故事讲的是济南一富翁，生性刻薄吝啬，绰号"铁公鸡"。他要纳一妾，条件是价廉貌美。不久，媒人带来一美貌女子，并介绍说一分钱都不用出，只给她吃饱穿暖就行。富翁大喜。未料半年以后，富翁打开家里保险柜，里面全空了。原来这女子一家是他家祖上的一旧房客，该富翁嫌花钱太多而将其全家赶走，被迫四处流浪。现在这位女子特来报复，偷光了他的钱财，拔光了他所有的"羽毛"。

谁都不喜欢极度吝啬的人。但是，节俭却是一种美德。古人对这个问题是有深入研究的。孔子说过："奢则不孙，俭则固；与其不孙也，宁固。"意思是讲，奢侈的人会在人家面前显得桀骜不驯，俭朴就显得鄙陋寒酸。两个都不好。但是，比较起来，一个人与其桀骜不驯，还不如鄙陋寒酸。但是，孔子又加了一句：

如有周公之才之美，使骄且吝，其余不足观也已。

一个人即使拥有周公那样好的人品和才能，如果骄傲自大而又吝啬小气，那其他方面也就不值得一看了。所以说，把握好节俭的度是至关重要的，过犹不及，最好是既不能奢侈，亦不能吝啬。

晏子是春秋时期齐国著名的政治家。他崇尚节俭，始终住在低矮的房屋，吃的是粗茶淡饭，过着清贫的生活。有一次，晏婴出使晋国。晋国的大夫叔向见晏婴的装束很寒酸，对他不免有些轻视，于是就在宴席上委婉地问道：

"请问先生，节俭与吝啬有什么区别？"晏婴明白叔向的用意，认真地答道："节俭是君子的品德，吝啬是小人的恶德。衡量财物的多寡，有计划地加以使用，富贵时不过分地加以囤积，贫困时不向人借贷，不放纵私欲、奢侈浪费，时刻念及百姓的疾苦，这就是节俭。如果积财自享而不想到赈济百姓，即使一掷千金，也是吝啬。"叔向听后肃然起敬。

晏婴在这里已经很清楚地解释了节俭与吝啬之间的区别。节俭是严格要求自己，避免自己陷入窘迫之境而采取的有计划且理性的行为。而吝啬则是严苛、冷漠地对待别人，他人遇到困境时自己却一毛不拔，不施以援手。

关于奢侈、节俭与吝啬三者之间的区别，《颜氏家训》有详细的说明：

俭者，省约为礼之谓也；吝者，穷急不恤之谓也。今有施则奢，俭则吝；如能施而不奢，俭而不吝，可矣。

所谓节俭，是符合社会道义的俭省节约；而吝啬，是指对穷困急难的人也不救济。倘若能做到施予而不奢侈，节俭而不吝啬，这样就是适度。乐善好施是善事，但奢侈浪费，就失去了济人的目的；躬行节俭也是好事，但精于算计，小肚鸡肠，就失去了修身养德的本义。可见，三者之间的区分还是非常分明的，做到奢俭有度，才能更好地修正己身、齐整家庭和帮助他人。宋代大诗人苏轼就是这样一个榜样。

元祐四年（1089），苏轼赴任杭州知府，碰到了百年不遇的瘟疫。杭州城里的大街小巷，到处都是求医问药的穷苦百姓。而竟然还有药铺囤积居奇，抬高药价，大发瘟疫财。苏轼气愤不已，决心帮助无钱买药的老百姓。于是，在自己妻子的帮助下，苏轼变卖家财，开了一个药局，对穷苦百姓免费发放治疗瘟疫的"圣散子"，而富人则需要高价购买。穷苦老百姓纷纷涌来，获得了救治。而富人特别是之前哄抬药价的无良商人则必须高价购买，苏轼用卖给富人药物的金钱，又开了分药局，方便百姓就近看病取药，前前后后救活了数千人。

苏轼对待穷苦百姓可谓一掷千金，而对待富人尤其是那些无良药商又似"铁公鸡"，无疑是智慧之举。既救助了穷苦百姓的生命，又打压了无良商人大发瘟疫财之举，实在令人敬佩。

六、睦邻

1. 让人三尺又何妨

清朝时，在安徽桐城有个著名的张氏家族，张英、张廷玉父子二人两代为相，权势显赫。康熙年间，张英在朝廷当文华殿大学士、礼部尚书。张英老家桐城的宅子与吴家的为邻，两家府邸之间有个空地，供双方来往使用。后来邻居吴家建房，要占用这个通道，张家不同意，双方将官司打到县衙。县官考虑到纠纷双方都是官位显赫、名门望族，不敢轻易了断。在这期间，张家人写了一封信，给在北京当大官的张英，要求张英出面，干涉此事。张英收到信件后，给家里回了四句话："千里修书只为墙，让他三尺又何妨？万里长城今犹在，不见当年秦始皇。"家人阅罢，明白其中意思，主动让出三尺空地。吴家见状，深受感动，也出动让出三尺房基地，这样就形成了一个六尺的巷子。

收敛才智，若无若虚。见人过失，且涵容而掩覆之。一则令其可改，一则令其有所顾忌而不敢纵。

——《了凡四训》

俗话说："远亲不如近邻。"张氏家族选择主动退让三尺，实乃高明之举。因为邻里之间过于纠缠是非恩怨，带来的只能是相互埋怨，最终给自己树敌，对双方都是损失。张家与吴家最终迎来了一个皆大欢喜的美满结局。

古人云："水至清则无鱼，人至察则无徒。"在人际交往中，无论是跟邻居，还是跟朋友打交道，太过于计较和刻薄，往往容易失去身边的朋友。选择宽以待人、与人为善，才能与人为伴。所以，与人为善，宽以待人，是人际交往的"黄金律"。

东汉时的司马徽学识广博，深受世人敬重。由于他善于知人，被称为"水镜先生"。时北方战乱，他寓居襄阳，与大名士庞德公、黄承彦、徐庶、诸葛亮等均有交往。《世说新语》记载有他的趣事。如果有人问某人某事好坏，他都说"好"。连他的妻子也不解地劝他说，人家有所疑，才问你，你哪能一概说好呢！司马徽说："像你这样说，也很好！"于是他有了"好好先生"之名。其实，司马徽并不是不讲原则的。刘备访问他，问天下大事，他毫不含糊地推荐诸葛亮、庞统。他说："识时务者在乎俊杰。此间自有伏龙、凤雏。"并告诉刘备，诸葛亮、庞统二人得一，便可以安天下。

司马徽也有一段与邻善处的典故。一次，邻居家走失了一头猪，因为司马徽家的猪和他走失的猪相似，就误认为是他家的。司马徽并不争辩，说："是你的你就拿去。"邻居便毫不客气地把猪赶回家。过了几天，邻居从别处找到了自己的猪，很惭愧地把误认的猪送还司马徽。司马徽不但没责备他，反而说邻里间发生这类误会并不奇怪，还赞扬他懂道理、知错能改。邻居听了十分感动。

常言道："忍一时风平浪静，退一步海阔天空。"知道这句话的人很多，可真正践行这句话的人却是少之又少。忍与退既不是懦弱，也不是退缩，而是宽容。宽容的人能够解人所难，谅人之过，换言之，它是一种善待生活、与人为善的境界。在宽容的背后，蕴含的是爱心与尊重。如果你能做到爱人与敬人，那么宽容别人也就不难了。

明朝的礼部尚书杨翥居住在京城，喜欢骑驴代步。他对驴子特别喜爱，每天上朝回家，常常不顾家人的劝阻，亲自为驴子擦洗梳理，给驴子喂上等的饲料，甚至把驴棚修在自己的房间旁边，半夜总要起床看一两次，生怕那宝贝驴子有什么差池。杨翥的邻居是一位老头，快六十岁的时候有了个儿子，老来得子非常高兴，自然倍加疼爱。但这个孩子一听到杨翥的驴子叫就哭个不停，饮食也明显减少，搞得全家人都不得安宁。可杨翥是地位显贵的大官，这家人也不敢向杨翥说这个事，眼看那孩子天天哭闹，父母伤透了脑筋，最后还是把这件事和杨翥说了。杨翥听后二话没说，忍痛把自己心爱的驴子卖了，从此外出或上朝都靠步行。

如果说，邻里相处有什么秘诀的话，那就是懂得换位思考。若能换位思考，相互尊重，则海阔天空，友邻如亲；倘若一味地只考虑自身利益，对他人漠不关心，那就变成以邻为壑，狭路相逢。

2. 千金买邻

战国时期，梁国有位大夫叫宋就，就任边地县令，辖区与楚国毗邻。梁国和楚国都种瓜。梁人勤于灌溉，种出的瓜又大又甜。楚人却不浇灌，种出的瓜很不像样，他们还在夜间偷偷地跑去祸害梁人的瓜。梁人发觉后，都摩拳擦掌要报复。宋就说："别人做坏事，你也跟着做坏事，这多么偏狭啊！我教给你们一个办法，趁夜晚去给楚人的瓜地浇水，不要让他们知道了。"梁人依言而行，楚人的瓜也长得丰硕甜美了。楚人大为奇怪，楚王说，这是梁人"阴让"。楚人深受感动，谢以重币，从此两地人交情一天天好了。

德业相劝，过失相规，礼俗相交，患难相恤。

——《吕氏乡约》

邻居之间的日常联系非常密切，大家抬头不见低头见，在潜移默化中就能互相影响。在生活中，邻居就是我们的朋友。如果邻居正直仁厚，热情真诚，那么在生活中大家就可以互为依靠，相得益彰；倘若邻里偏僻乖张，冷漠虚伪，那就很难相处，甚至于会败坏当地的风气。

俗话说："邻里好，赛金宝。"选择一个合适的居住环境，最重要的往往不是物质条件，而是邻里的素质和人品。古有孟母三迁，良好的居住环境对"亚圣"孟子的成长起到关键作用。南北朝时更有"一百万买宅，千万买邻"之说，唐代李延寿著《南史·吕僧珍传》有载：

初，宋季雅罢南康郡，市宅居僧珍宅侧。僧珍问宅价。曰："一千一百万。"怪其贵。季雅曰："一百万买宅，千万买邻。"

南北朝梁武帝时，有个名叫吕僧珍的人，他是梁朝的开国功臣，深受皇帝器重。但他为人谦恭谨慎、为官清廉、不徇私情，在当地人的心目中声望很高。有一个叫宋季雅的官员，被贬为南康（今江西赣州市赣县区）郡守后，由于仰慕吕僧珍的为人，特意买下了吕僧珍隔壁的一处宅院。吕僧珍问房价多少，宋季雅回答说："一千一百万钱。"吕僧珍十分惊讶，认为太贵了。宋季雅解释说："我是用一百万钱买房子，而用一千万钱买邻居啊！"

所谓"近朱者赤，近墨者黑"，环境对人的影响是非常大的。在佳邻的熏陶与帮助之下，自己也会积极向善，勉励向上。此外，有佳邻相伴，除了德业相劝之外，还能增添幸福感和归属感。东晋著名诗人陶渊明写了两首《移居》诗：

其一

昔欲居南村，非为卜其宅。闻多素心人，乐与数晨夕。

怀此颇有年，今日从兹役。敝庐何必广，取足蔽床席。

邻曲时时来，抗言谈在昔。奇文共欣赏，疑义相与析。

其二

春秋多佳日，登高赋新诗。过门更相呼，有酒斟酌之。

农务各自归，闲暇辄相思。相思则披衣，言笑无厌时。

此理将不胜？无为忽去兹。衣食当须纪，力耕不吾欺。

这两首诗均描述了陶渊明移居南村的邻里之乐，但各有侧重。在第一首诗中，陶渊明表达自己移居是因为知晓南村多有心地淡泊之人，大家志趣相投，能共度晨夕以谈古论今为乐。在第二首诗中，就直接再现了与邻人融洽相处、忙时勤力耕作、闲时随意来往的温馨场面。陶渊明无疑是幸运的，在休息欣赏恬静的自然风光之余，也享受了纯真的人间情谊，大家既能奇文共赏、疑义相析，也能共话桑麻与稼穑。在与邻里的相处中，他找到了生活的快乐、生命的归宿与心灵的慰藉。

邻里之间共同居住在一个地域，虽然没有亲人之间的血缘关系，但在长久的共处之间，也会产生友情甚至是亲情。无论是谁，能有佳邻善友，都会是一件幸福且幸运的事情。

治

国

编

一、民本

1. 民心是最大的政治

汉高祖刘邦当初带兵进入咸阳，见到秦王宫金碧辉煌，就想占为己有。樊哙和张良认为这样做会丧失民心，于是就劝说刘邦把王宫封闭起来，派人把守，并把部队撤回灞上驻扎。刘邦觉得有理，就听从了二人的意见。为了让当地百姓放心，刘邦还把他们召集起来，并"约法三章"：杀人须偿命，伤人或偷盗也都要定罪。众人无不对此表示拥护。刘邦还派人到各地去宣传这三条政策，百姓欢喜踊跃，争相把家中圈养的牛羊杀掉，把家中珍藏的酒食端出来，想要好好犒赏将士。但刘邦却拒绝了，他说："我们军中仓库并不缺乏粮食，不能要老百姓为战争付出。"百姓听了之后，感动不已，心中都想让刘邦做"关中之王"。

> 政之所兴，在顺民心；政之所废，在逆民心。
>
> ——《管子·牧民》

1945 年 7 月，黄炎培到延安考察，谈到了中国历代政治的一个重要规律，"其兴也勃焉，其亡也忽焉"，称历朝历代都无法跳出这个兴亡"周期律"。毛泽东听后表示："我们已经找到新路，我们能跳出这'周期律'。这条新路，就是民主。只有让人民来监督政府，政府才不敢松懈。只有人人起来负责，才不会人亡政息。"

黄炎培谈到的"历史周期律"，其实就是政治与民心的关系，民心才是最大的政治。中国历史上很多有远见卓识的政治家、思想家都发现了这个秘密。清末杰出思想家、政论家王韬在《弢园文录外编·重民》中说过：

> 天下何以治？得民心而已。天下何以乱？失民心而已。民心之得失，在为上者使之耳。民心既得，虽危而亦安；民心既失，虽盛而亦蹶。

政治与民心息息相关。所谓得民心者得天下，失民心者失天下。一个政权有了人民的支持，即使面对危险也会转危为安；相反，一个政权失去了人心，即使再强大也会走向衰败。王韬认为，政治兴衰的秘诀只有两个字：民心。

王韬的思想其实早在战国时期的思想家孟子那里就有过更加详细的讨论。《孟子·离娄上》说：

> 得天下有道，得其民，斯得天下矣。得其民有道，得其心，斯得民矣。得其心有道，所欲与之聚之，所恶勿施，尔也。

孟子的意思是，要想统治天下，是有办法的，那就是赢得民众的支持。要想赢得民众的支持，也是有办法的，那就是赢得民心。赢得民心的办法就是：民众需要的，就给予他们；民众反对的，就不要强人所难。

孟子是先秦时代著名的"民本主义"思想家，他与孔子并称为"孔孟"，在儒家的地位仅次于孔子，得到了"亚圣"的美称。为什么孟子有如此高的思想地位？就是因为他在孔子"仁"学的基础上，发展出"仁政"的政治主张。什么是"仁政"？仁政就是当政者对民众有"恻隐之心"，给民众一个安宁的生活环境。孟子与梁惠王曾有过一段对话：

> 王如施仁政于民，省刑罚，薄税敛，深耕易耨，壮者以暇日修其孝悌忠信，入以事其父兄，出以事其长上。可使制梃以挞秦楚之坚甲利兵矣。

在孟子看来，当政者要施行仁政，首先是减少刑罚，轻徭薄赋，发展生产，满足人民物质生活的需求。其次是发展教育，让民众懂得孝悌忠信等伦理道德规范。这样，即使面对强大的外敌入侵，民众也会团结起来打败他们。

孟子还说过，仁政不是靠口头说说而已，关键是要说到做到，做到了仁政，也就赢得了"民心"。《孟子·尽心上》：

仁言不如仁声之入人深也，善政不如善教之得民也。善政，民畏之；善教，民爱之。善政得民财，善教得民心。

大意是说，仁德的言辞不如仁德的声望深入人心，良好的政治不如良好的教育能获得民心。良好的政治，百姓敬畏它；良好的教育，百姓乐于接受它。有了良好的政治，可以集中财力物力办大事；而有了良好的教育，却能赢得民心的拥护。

古往今来，多少政治家都在追求善政的理想，但又有多少人看到了善政的根本就是孟子所揭示的仁政？孟子说过，"民为贵，社稷次之，君为轻"，很多人误解了这句话，以为是"人民的地位要高于君主"。其实，孟子的本意是说，在人民、国家、君主三者中，人民才是根本，因为有了人民的支持，国家才会稳定，君王的地位才能巩固。三国时期的司马懿临死前对儿子司马师和司马昭说"得民心者得天下，得君子之心者得诸侯，得诸侯之心者得士大夫"，唐太宗说"水能载舟，亦能覆舟"，都是源于孟子的"民本"主张，看到了人心的力量。

2. 最坚固的长城

康熙在位的时候，古北口长城由于年久失修，已经衰败不堪，于是时任总兵的蔡元就上书请求修筑长城。照理说，长城是古代重要的防御工程，康熙应该会批准这个折子。但没有想到的是，康熙竟拒绝了。他的理由是，自从秦代修筑长城以来，汉代、唐代、宋代，没有哪个朝代不沿袭惯例，大力修筑长城的，但是又有哪一个朝代真正杜绝了边患呢？可见，要想国家安定，并不在于长城修得有多牢固，而在于让老百姓安居乐业，一个国家从根本上治理好了，这样的国家又哪里需要担心边境之患呢？要知道，人民百姓才是一个国家最坚固的长城。如果只修长城，而不顾老百姓的生死，劳民伤财，那就得不偿失了。

> 民惟邦本，本固邦宁。
>
> ——《尚书·五子之歌》

　　万里长城作为中华民族的骄傲与象征，其工程浩大，气魄雄伟，与埃及的金字塔、印度的泰姬陵、伊斯坦布尔的圣·索菲亚教堂等一起被誉为世界建筑史上的奇迹。

　　长城作为中国古代最重要的军事工程，其防御作用是巨大的。但是，唐代诗人褚载却写了一首与众不同的《长城》诗：

> 秦筑长城比铁牢，蕃戎不敢过临洮。
>
> 焉知万里连云色，不及尧阶三尺高。

　　长城在秦代以前就有了，秦始皇一统天下后，大修长城并将战国旧城连成一片，才有了"万里长城"之称。所以，一提到长城，人们自然就想到秦始皇。"万里长城今犹在，不见当年秦始皇"，清代人写的这句诗就与此有关。那么，为什么唐代诗人褚载认为"万里长城"还不如"尧阶三尺"呢？

　　"尧阶三尺"是一个历史典故。尧是上古时期传说的三皇五帝之一，他虽然贵为天子，却跟普通人一样住茅屋，吃野菜，布衣蔬食。尧也建有一座"宫殿"，却是用土块垒起来的，只有三尺高。这在《史记》中有明确的记载：

> 堂高三尺，土阶三等，茅茨不翦，采椽不刮。食土簋，啜土刑，粝粱之

食，藜藿之羹。夏日葛衣，冬日鹿裘。

正因为这样，尧深受万民拥戴，后世亦景仰之。而秦始皇虽为"千古一帝"，统一了天下，却不施行仁政，滥用民力，竟然花几十年时间为自己修建最豪华的陵墓，而在骊山建造的阿房宫，后来也被项羽放一把火烧了，却"三月而不灭"。如此奢靡，可谓前所未有。陈胜、吴广一介匹夫，受朝廷征兵去戍守渔阳，在路上遇雨不能按期到达，面临按律当斩的境地，于是一场席卷全国的反秦大起义爆发了。

斩木为兵，揭竿为旗，天下云集响应，赢粮而景从。山东豪俊遂并起而亡秦族矣。

强大的秦帝国，虽有坚甲利兵，最终却被农民起义和各路豪杰所推翻。万里长城虽然能够抵御外敌，却不能够阻止内部人民的反抗。宋代文学家宋祁在《杂税》中说过一段发人深省的话：

夫民，国之基也。五仞之墙，所以不毁，基厚也，所以毁，基薄也。

筑五仞高墙，关键在打好基础。基础不牢，倾倒就在旦夕；基础牢固，风雨不能摧残。对一个国家而言，人民就是根基。只有得到人民的支持，上下同心，国家的根基才会牢固，才能筑成真正的"钢铁长城"。

宋代的合州之战，也叫钓鱼城保卫战，被历史学家称为宋元战争史上的"奇迹"。从1235年到1279年，蒙古几十万人马，围攻四川钓鱼城，而南宋合州军民在守将王坚将军的指挥下，同仇敌忾，誓死守城，蒙古军队前后花了四十余年的时间，却始终无法攻克，连蒙古大汗蒙哥也阵亡在城下。直到南宋灭亡后，大势已去，忽必烈又答应绝不伤害城中百姓，守将王坚这才弃城投降。但即使是弃城，也没有一个人乞求怜悯，守城的三十二名将军全部拔剑自刎，可谓忠烈千秋。南宋与蒙古之间交战无数，在这些战争中南宋节节败退，几近灭国。但是，合州之战却让衰弱的南宋拖延了几十年才灭亡。

究其原因，就是合州城的军民筑成了一道难以攻破的"血肉长城"。

这正应验了"天时不如地利，地利不如人和"。这句话出自《孟子·公孙丑下》：

天时不如地利，地利不如人和。三里之城，七里之郭，环而攻之而不胜。夫环而攻之，必有得天时者矣；然而不胜者，是天时不如地利也。城非不高也，池非不深也，兵革非不坚利也，米粟非不多也；委而去之，是地利不如人和也。故曰：域民不以封疆之界，固国不以山溪之险，威天下不以兵革之利。得道者多助，失道者寡助。寡助之至，亲戚畔之；多助之至，天下顺之。以天下之所顺，攻亲戚之所畔；故君子有不战，战必胜矣。

战争的胜负，取决于时机、地理形势和人心向背。方圆三里的内城、方圆七里的外城，包围着攻打它，必定是得到了有利于作战的时机；有了天时却不能取胜，这是因为有利于作战的时机比不上有利于作战的地理形势。城墙高，城池深，武器先进，粮食充足，但守城者弃城而逃走，这是因为有利于作战的地理形势比不上作战中的人心所向、上下团结。

所以，让百姓安居乐业不靠划定疆域的界线，使国防巩固不靠山河的险要，威慑天下不靠武器装备的强大。施行仁政的人，人民就支持他，不施仁政的人，人民就反对他。得道多助，失道寡助。

3. 身国同构

范仲淹小的时候，有一次到算命先生那里去抽签占卜，问自己将来能否当宰相，结果抽出的签是"不能"。于是，范仲淹再一次抽签，并祈祷说："不为良相，便为良医。"结果抽出的签依旧是"不能"。范仲淹叹息道："大丈夫立于天地间，却不能造福百姓，可悲啊！"

算命先生奇怪地问："刚才你还想要当宰相，怎么一下子就落到了要当医生呢？"范仲淹回答说："人生在世，唯有宰相和医生是最能造福百姓的。既然当不了宰相，那么身在民间而能造福苍生的最好选择，就是当一名医生。"算命先生感叹道："你有这份心，能成真正的宰相！"

足寒伤心，民寒伤国。

——《申鉴·政体》

中国古代的思想家有一个重要发现，认为人的身体与国家在本质上没有区别，养生与治国相通，这就是"身国同构"的理论。这个理论的源头，就是"天人合一"的哲学。其中的"天"是大宇宙，"人"是小宇宙。人作为天地万物的一分子，是宇宙生命的缩影。社会、国家是由人组成的群体，同样也是宇宙生命的缩影。所以，天人合一的精髓，就是老子《道德经》所说的"人法地，地法天，天法道，道法自然"。

古代讲"身国同构"的思想家很多，其中，最经典的表述出自东晋时代的葛洪，他在所著的《抱朴子》中说道：

一人之身，一国之象也。胸腹之位，犹宫室也；四肢之列，犹郊境也；骨节之分，犹百官也。神犹君也，血犹臣也，气犹民也，故知治身，则能治国。

不是说一个人的身体就是一个国家，而是说，一个人的身体与一个国家是可以类比的，这是运用了《周易》中"取类比象"的方法。"一人之身，一国之象也"，"象"的意思就是"类比"。葛洪认为，一个人的胸腹位于人体的中部，可类比于皇宫，四肢类比于皇宫周边的近郊，骨节类比于文武百官。人的精神可类比于皇帝，血液类比于大臣，气息类比于万民。由此可知，能够养生的人，也能够治理一个国家。按照道家的养生理论，所谓"国富民强"，国就是一个人的身体，而民则是气血，气血不旺盛，身体如何强壮？国民若不康泰，则国家怎么能强盛？

老子是第一个提出"无为而治"的思想家。《道德经》说：

道常无名，朴虽小，天下莫能臣。侯王若能守之，万物将自宾。天地相合，以降甘露，民莫之令而常自均。

我无为而民自化，我好静而民自正，我无事而民自富，我无欲而民自朴。

无为而治不是不作为，而是不妄为，不"折腾"人民。在道家的理解中，君主和百姓是一体的，不是对立的。因为民为邦本，如果百姓没有得到很好的抚恤，则社稷不能巩固。君主为社稷主，与社稷共存亡，有死国之义，故君主和百姓也是一体的。故道教告诫统治者应该爱民如手足，去除自私的想法，不要想着凭借手中的权力去剥削百姓，以达到肥官润身的目的。如果统治者把自己对立于百姓之外，肆意享乐，好比是"医得眼前疮，剜却心头肉"。看一个君主是否为仁君，应该看其是否得民心，把钱财聚敛于宫室的君主，是难以长久的，好比人身一样，发展是不平衡的。

其实，主张"身国同构"的不仅是道家，儒家也是如此。《礼记·缁衣》篇就有这样的观点：

子曰："民以君为心，君以民为体；……心以体全，亦以体伤；君以民存，亦以民亡。"

意思说，君为心，民为体，心虽可主宰身体，但如果没有健全的身体，心也会受到伤害，正如君之存亡系乎民之存亡。东汉的思想家荀悦说：

天下国家一体也。君为元首，臣为股肱，民为手足。

荀悦认为，如果把国家看作一个人，那么当然君是大脑，大臣们是胳膊和腿，民众就是手和脚。人的脑袋固然重要，但不代表手脚就不重要。正如一个人不可能只要脑袋而不要手脚，一个国家又怎么能不要人民呢？荀悦把百姓当作国家这个"巨人"的"手足"，这表示在他心目中民众在国家当中是有重要地位的，百姓不再是帝王的工具。

由于民众才是国家的根本，因此，为国当政，就不能不仰仗民众的智慧和力量。《黄石公三略·上略》：

> 夫为国之道，恃贤与民。信贤如腹心，使民如四肢。

> 暴其民甚，则身弑国亡；不甚，则身危国削。

治理国家的关键，一要依赖圣贤君子，一要依赖普通百姓。圣贤君子如五脏六腑，普通百姓如四肢手足，缺一不可。如果不把民众当回事，只顾榨取民众血汗，轻则国家衰败，重则身死国丧。

清代梁章钜在《归田琐记》中说得好：

> 又有百病从脚起之说，盖涌泉穴与心相通，风最易入，故养生家皆慎之。

按照中医的说法，人体脚部是众多经脉的交会之处，其中足底的涌泉穴是一个重要的穴位，因涌泉穴与心脏相通，故俗话又说"脚底为第二心脏"。"足寒伤心"是有根据的。梁章钜把中医的这个说法用于国与民之关系堪称精妙，二者确实有很大的相似性。足为人体的最底部，而民为国家的最底层，二者又都同样不可受"寒"，足寒伤心，民寒伤国。

4. 民生无小事

汉文帝一生勤政爱民，开启了中国历史上著名的"文景之治"。汉文帝十分节俭，他曾"履不藉以视朝"，就是穿着草鞋就去上朝，而且他的龙袍破了也只是修补一下，接着又穿。汉文帝当政几十年，从没有新建过任何宫殿、园林。有一次，他想修建一座露台，就让负责的官员估算一下经费。当他听说需要"一百金"的时候，就连连摆手，忙说："不造了，不造了，花费太大了！"但是，汉文帝对百姓却一点也不吝啬，他颁布的政令规定：凡八十岁以上的老人，每月赐给粟米一石，肉二十斤，酒五斗；九十岁以上的，再每月加赐布帛二匹，棉絮三斤，以保证老年人衣食无忧，颐养天年。

百姓多寒无可救，一身独暖亦何情。

心中为念农桑苦，耳里如闻饥冻声。

争得大裘长万丈，与君都盖洛阳城。

——白居易《新制绫袄成感而有咏》

古人很早就关注到民生问题。《左传·宣公十二年》上说："民生在勤，勤则不匮。"这是"民生"一词的出处。在这句话里，"民生"主要是指人民的生计，解决人民生计的办法就是"勤劳"。以现代人的眼光看，政府假若只是单纯地要求人民努力工作，而没有从国家制度层面来考虑如何解决民生问题，那肯定是不够的。

其实，早在上古时期，政治家就已经认识到了民生问题乃政治的核心。《尚书》是中国现存最早的史书，其中的《大禹谟》篇载录了帝舜和大禹有关国家治理的基本原则。

禹曰："於！帝念哉！德惟善政，政在养民。水、火、金、木、土、谷，惟修；正德、利用、厚生，惟和。九功惟叙，九叙惟歌。戒之用休，董之用威，劝之以九歌俾勿坏。"

帝曰："俞！地平天成，六府三事允治，万世永赖，时乃功。"

这段对话的核心，就是大禹所说的"德惟善政，政在养民"。不违农时，物尽其用，善待人民，对于有功者及时进行表彰、宣传，用恩惠伴随劝诫，用惩罚矫正错误，人民就不会自暴自弃。正德、利用、厚生这三件事办得公道有效，足以垂范后世，这就是上古尧舜禹时代的"善治"原则。

对于政府而言，关心民生责无旁贷。若从功利的角度权衡个中利弊，这样做其实也是"有百利无一害"的。

首先，关心民生，让百姓安居乐业，国家就会稳定，当政者自然可以高枕无忧。三国时期吴国大臣陆凯说过：

臣闻有道之君，以乐乐民。无道之君，以乐乐身。乐民者，其乐弥长。乐身者，不久而亡。夫民者，国之根也，诚宜重其食，爱其命。民安则君安，民乐则君乐。

当政者要"与民同乐"，那是有道之君；如果只顾自己快乐，不顾人民生死，那是无道之君。与民同乐的有道之君会统治长久，相反，不顾人民生死的无道之君是不会长久的。

其次，真正花大力气把民生问题解决好的国家，一定会变得富强起来，因为趋利避害是人之常情。《商君书·算地》说：

利出于地，则民尽力；名出于战，则民致死。入使民尽力，则草不荒；出使民致死，则胜敌。胜敌而草不荒，富强之功，可坐而致也。

在商鞅看来，当政者的职责，无须多么崇高，平时只要给人民提供生产的空间，就会积累财富；战争爆发时只要给人民论功行赏，人民就会出生入死。坚持这两条，国家自然变得富裕和强大。

民生问题无小事。民不聊生，国岂能存？因此，即便是圣王明君，对待民生问题，也不得不慎之又慎。汉代政治家贾谊在《新书》中，借上古之君帝尧之口说：

吾存心于先古，加志于穷民，痛万姓之罹罪，忧众生之不遂也。

故一民或饥，曰："此我饥之也。"一民或寒，曰："此我寒之也。"一民有罪，曰："此我陷之也。"

帝尧把人民的疾苦当成是自己的事情。一民挨饿，就是自己挨饿；一民受寒，就是自己受寒；一民犯罪，就是自己的过错。贾谊在这里表达的，虽然有理想主义的成分，但无疑反映了儒家善治主张中的"君德"之美。

《论语·子路》中有一段孔子与学生冉有出访卫国的对话：

子适卫，冉有仆。子曰："庶矣哉！"冉有曰："既庶矣，又何加焉？"曰："富之。"

曰："既富矣，又何加焉？"曰："教之。"

孔子一行来到卫国，学生冉有驾车。见到卫国人口众多，孔子就说："这个国家人口不少呀！"冉有问："都这么多人了，我们还要做什么呢？"孔子回答："让他们富裕起来。"冉有又问："富了之后又要做什么呢？"孔子说："教化他们。"

可见，"庶""富""教"三个方面是孔子关于国家治理的三大纲领。其中，孔子把"教"加入"民生"，这是对民生问题的一个补充，也是一个伟大的贡献。

当然，民生问题还有其他内容。《周语·国语下》：

是以民生有财用，而死有所葬。

人活着，要吃饱穿暖，要花销用度，人死了，还有身后事，这样才能体现人之为人的尊严。也就是说，民生，既包括"生"，也包括"死"。不仅要强调活着的幸福、尊严，也要强调"临终关怀"，慎终追远。

孙中山先生曾对"民生"下过一个定义，并且用三个"中心"表述之，他说：

民生就是人民的生活——社会的生存，国民的生计，群众的生命。

民生就是政治的中心，就是经济的中心和种种历史活动的中心。

对于个人而言，死生事大；对于国家而言，民生就是政治的中心。

二、举贤

1. 人才是第一稀缺资源

有一次，楚国大夫王孙圉奉命出使晋国。宴会上，晋国大夫赵简子刻意在王孙圉面前炫耀自己的佩玉。赵简子出言不逊："听说楚国有种宝玉，叫白珩，只是不知道怎么样呢？"王孙圉淡定回答："楚国并不把白珩当作宝物，楚国真正的宝物是像观射父、倚相这样的贤臣，因为他们能够让国家安定，百姓富足；楚国还有一个叫云梦的地方，因盛产金、木、竹、箭、龟、珠、羽、毛等而出名，这些东西既可用以供给兵赋，又可用以赠予宾客，所以楚国认为云梦也是一个宝物。至于您说的白珩，只不过是先王的一个小小玩物，哪里算得上什么宝物呢？凡楚国当作宝物的，都必须是对国计民生有利的东西。佩玉虽然华丽，不过虚有其表，楚国还不至于以之为宝。"

贤才，国之宝也。

——《明史纪事本末》

一代明君唐太宗不仅文韬武略，还善于任贤用能，他提拔、任用过很多优秀人才，比如房玄龄、杜如晦、魏徵、秦叔宝、程咬金等。有一次，李世民前去视察御史府，看到许多新科进士鱼贯而出，一时心情大悦，得意地说："天下的英雄都进入我的'圈套'了！"这话虽然有一些"阴谋"的意味，但也体现了李世民爱才、惜才的一面。李世民之所以能在政治上取得巨大成功，开创"贞观之治"，这跟他善于用人是分不开的。

　　唐太宗时的名相魏徵敢于犯颜直谏，很多次都把唐太宗气得想砍掉他的脑袋。但唐太宗事后冷静下来，又觉得魏徵说得在理，他甚至把魏徵的《谏太宗十思疏》常年置于案头，当作座右铭。魏徵去世之后，唐太宗十分悲痛，他曾对身边的侍臣说：

　　夫以铜为镜，可以正衣冠；以古为镜，可以知兴替；以人为镜，可以明得失。朕常保此三镜，以防己过。今魏徵殂逝，遂亡一镜矣！

　　唐太宗说，他经常使用"三面镜子"，防止自己犯错误：用铜镜正衣冠，用古镜知兴替，用人镜明得失。魏徵就是人镜，让他看清自己的优点和不足。没过多久，唐太宗派人前去魏徵家里整理他的遗物，发现一张"遗表"。那上面的字迹大多模糊不清，只有开头的几行字还依稀可认，写的是：

　　天下之事，有善有恶，任善人则国安，用恶人则国乱。公卿之内，情有爱憎，憎者唯见其恶，爱者唯见其善。爱憎之间，所宜详慎，若爱而知其恶，憎而知其善，去邪勿疑，任贤勿贰，可以兴矣。

　　一个国家是兴旺还是危乱，关键在于怎样任用人才。一个人既有优点，又有缺点，这是人之常情。用人最忌讳的是：一味喜欢而看不到其毛病，或者讨厌过头完全无视其优点。当政者一定要克服这样的用人心理，才可能真正用好人才，治理好国家。

　　唐太宗觉得确实如此，就命大臣都把这段话刻在笏板上，时时提醒自己。魏徵虽然过世了，但唐太宗却给自己找了更多面"镜子"来对照自己的得失功过。唐太宗之所以能成一代明君，名垂千古，绝非偶然。

　　中国著名的科学家、"两弹一星"功勋奖章获得者钱学森曾经在美国留学、工作。新中国成立之后，他想回到祖国，为中国的科学事业尽一份力量。但是美国当局并不想放行，就在他准备回国时把他抓进了监狱。美国为什么要这样做？时任美国海军次长的丹尼·金布尔有一次曾对他的朋友说起过钱学森：

"我宁愿打死他也不愿让他走，不管在哪里，他都至少能顶三五个师。"

中国政府得知这个消息后随即公开发表声明，谴责美国政府在违背本人意愿的情况下监禁了钱学森。周恩来等国家领导人与美国方面积极展开谈判，不断做出让步，甚至不惜释放了在朝鲜战争中俘获的十几名美军飞行员。五年后，钱学森终于回到了祖国怀抱。回国后的钱学森积极投入科学工作，将中国导弹、原子弹的发射时间向前推进了至少20年，他也被人尊称为"中国导弹之父"。

葛优主演的电影《天下无贼》中有一句十分经典的台词："21世纪什么最贵？人才！"这句看似无厘头的玩笑，谁说不是一句大实话呢？在这个充满竞争的时代，人才已成为一种稀缺资源，对整个社会的发展进步起到重大的推进作用。治国理政，人才更是必不可少的核心资源。正如《诗经》说的：

无竞维人，四方其训之。有觉德行，四国顺之。

一个国家兴旺与否，得人不得人最关键。能用贤能，则四方归顺，天下咸服；否则，不仅百姓要遭殃，国家也再无生存的余地。中国素来就有"惟善以为宝"的传统，体现了古人的政治智慧。

2. 举贤不避亲仇

晋平公想派一个人做南阳县令，征求大夫祁奚的意见。祁奚说："解狐可以胜任。"平公很吃惊："为什么推荐解狐？他不是跟你有仇吗？"祁奚笑了笑，反问道："您是问我谁适合这个官职，还是问谁跟我有仇呢？"平公于是便把解狐派到南阳去担任县令一职。解狐的表现相当出色。又有一次，平公问祁奚："国家现在需要一位军事统领，你觉得谁可以担任这个职务？"祁奚推荐了自己的儿子祁午。平公说："祁午难道不是你的儿子吗？"祁奚回答："是啊。但是您是问我谁适合当军事统领，又没问我谁是我的儿子。"平公觉得祁奚说得有道理，于是就任命了祁午。祁午果然不负期望。

　　　　　　　　　　　　　　　内举不避亲，外举不避仇。

　　　　　　　　　　　　　　　　　　　——《韩非子·说疑》

　　齐桓公是"春秋五霸"之一，他任用管仲为相，励精图治，很快让齐国强大起来。孔子称赞说："桓公九合诸侯，不以兵车，管仲之力也。"可是，谁又能想得到：管仲曾差点射死桓公，而桓公也一度视管仲为敌。这究竟是怎么一回事呢？

　　原来，齐桓公是齐僖公的第三子、齐襄公之弟。在齐襄公和齐僖公侄子公孙无知相继死于齐国内乱后，流亡在外的公子小白（即后来的齐桓公）和公子纠都准备回国继位。管仲为了让他的主子公子纠顺利回国继任国君之位，曾在半道上设伏劫杀公子小白，并且一箭射中了公子小白的带钩。

　　齐桓公即位后，本想任命鲍叔牙为相。可鲍叔牙向桓公举荐了自己的好朋友管仲，他认为管仲的才能远在自己之上，是齐相的不二人选。桓公觉得鲍叔牙说得有道理，加上他自己也了解管仲确实是旷世奇才，于是就捐弃前嫌，让管仲做了齐相，齐国因此在诸侯争霸中抢占了先机。

　　鲍叔牙不避讳与管仲相交而力荐之，这是用"亲"；齐桓公不记恨管仲曾伤害过自己反委以重任，这是用"仇"。由此可见，无论是用亲还是用仇，关键要用对人。齐桓公在用人的问题上真正做到了"用人唯贤"。

　　宋孝宗曾与工部侍郎何俌讨论过用人的问题。宋孝宗很反对当时那种"用人唯亲"的风气。他对何俌提出的用人之道赞赏有加，坚决抵制人事任用中的"裙带"之风，认为在用人上是绝对不能够有偏私之心的。

　　卿（何俌）所谓其言若善，虽仇怨在所当用，如其不善，虽亲故不可曲从，此论是也。

这就是说，用人的标准不在于这个人的身份，而在于这个人的人品与才能。如果这个人值得用，即便是冤家对头亦无伤大雅，如果不值得用，就算是亲人也不得用。

被人诟骂为"奸雄"的曹操，在用人上却很有器量。他不仅留下了"跣足迎许攸"的美名，还对自己的仇人陈琳委以重任。陈琳曾是袁绍帐下的幕僚。袁绍想要攻打曹操，但愁师出无名，于是就命陈琳起草檄文，以历数曹操之恶。陈琳的檄文不仅把曹操骂得狗血淋头，还顺道把曹操祖宗十八代都骂了个遍。其文笔之犀利，真可谓"刀刀见血"。据说曹操看到这篇檄文，被吓得浑身直打哆嗦，冷汗直流，恨不得把陈琳千刀万剐。

后来，袁绍兵败，陈琳也被俘获。士兵将其押至曹操面前，曹操见绑的是陈琳，便说："你写一道檄文，骂了我也算了，凭什么还要侮辱我的祖宗？"陈琳辩解道："箭在弦上，不得不发耳。"手下之人都劝曹操杀了陈琳以解心头恨，但曹操怜惜陈琳的才华，不仅赦免了他，还把他留在身边做官。

历史上成大事的人都有一套用人的秘诀。唐代魏徵等人所编的《群书治要》有《袁子正书》篇，总结了四条有代表性的用人之道：

用人有四：一曰以功业期之，二曰与天下同利，三曰乐人之胜己，四曰因才而处任。以功业期之，则人尽其能；与天下同利，则民乐其业；乐人胜己，则下无隐情；因才择任，则众物备举，人各有能有不能也。

任用人才，首先要让其发挥所长，激励其建功立业。其次要去私为公，为天下之利而奋斗。再次，用人者要学会欣赏部下的才能，不以部下比自己强就感到没面子。最后，要做到人尽其能，物尽其用。

三、清廉

1. 黄金虽为贵，清廉价更高

范景文是明朝末年著名的清官，曾任工部尚书兼东阁大学士，在当时相当于宰相，地位十分尊崇。亲朋好友知道范景文做了大官，于是纷纷上门找他帮忙。范景文不胜叨扰，便在门上贴出了六个大字："不受嘱，不受馈。"意思就是说，你们这些找我的人啊，我既不会答应给你们办事，也不会接受你们给的好处，都请回吧。百姓知道这件事之后都对他赞不绝口，封范景文一外号，曰"二不尚书"。后来，范景文的一个同僚还把此事写成一副对联："不受嘱，不受馈，心底无私可放手；勤为国，勤为民，衙前有鼓便知情。"范景文勤政、廉政的故事一直到现在还在流传。

> 我家洗砚池头树，朵朵花开淡墨痕。
>
> 不要人夸颜色好，只留清气满乾坤。
>
> ——王冕《墨梅》

清廉是为官者的第一品德。宋代大儒吕祖谦在《官箴》一文开篇说："当官之法，惟有三事，一曰清廉，二曰谨慎，三曰勤勉。"他把清廉列为官德之首。在中国历史上，子罕以"不贪"为宝；屈原"宁廉洁正直以自清"；周敦颐以莲寓廉，"出淤泥而不染，濯清涟而不妖"；白居易任杭州刺史三年，离任返乡只取"两片石头"。可见，清廉从政，秉公用权，严于律己，一生清白，是中华民族自古以来推崇的从政美德。

在古汉语中，清、廉可以作为两种不同的美德看，清为洁身自好，而廉为刚正不阿。清、廉在《论语》中都有出现。

崔子弑齐君，陈文子有马十乘，弃而违之。至于他邦，则曰：犹吾大夫崔子也。违之。之一邦，则又曰：犹吾大夫崔子也。违之。何如？子曰：清矣。

这是子张与孔子的一段对话。陈文子在齐国本来做着不小的官，家中有驷马之车十驾，日子过得相当殷实。崔杼身为齐国臣子，以下犯上杀了齐君，陈文子不愿意与之同流合污，就毅然弃官，远走他国。陈文子到了他国，觉得当政者跟崔杼是一丘之貉，就不愿再做官。孔子认为陈文子是一个典型的"清"者。

子曰："古者民有三疾，今也或是之亡也。古之狂也肆，今之狂也荡；古之矜也廉，今之矜也忿戾；古之愚也直，今之愚也诈而已矣。"

这是《论语》当中少有的谈到"廉"的一个地方。孔子认为，古时候的人虽然看起来多少有些骄纵，但那只是刚正不阿的表现，与其说是毛病，倒不如说难能可贵；而现在的人不仅骄傲自大，而且还蛮横无理，动不动就发脾气，这是很不好的。"廉"在这里不是不近人情，而是原则性强。

古代也有把"清廉"当作一个词来用的，意义与现在接近。《汉书》中记载了一个清廉的事例。

自吉至崇，世名清廉，然材器名称稍不能及父，而禄位弥隆。皆好车马衣服，其自奉养极为鲜明，而亡金银锦绣之物。

及迁徙去处，所载不过囊衣，不畜积余财。去位家居，亦布衣疏食。天下服其廉而怪其奢，故俗传"王阳能作黄金"。

王吉，字子阳，是汉宣帝年间的博士谏大夫。他儿子叫王骏，他的孙子是王崇。王吉祖孙三代都有清廉之名，他们虽然都很喜欢精良的车马和华美的衣服，但并没有刻意去追求这些外在的东西，他们家也没什么金银财宝跟贵重衣物。搬家的时候，就是几件"囊衣"。退休了以后，吃穿也是寻常人家的标准。以至于天下之人都一面叹服于王家人的清廉，又一面感到奇怪，甚至谣传他把贪污的财产换成了金条。

其实，王吉只是单纯的清廉罢了。《汉书》中又记载了另一个有关他的小故事，就反映出了他那近乎偏执的"清廉癖"。

始，吉少时学问，居长安。东家有大枣树垂吉庭中，吉妇取枣以啖吉。吉后知之，乃去妇。东家闻而欲伐其树，邻里共止之，因固请吉令还妇。里中为之语曰："东家有树，王阳妇去；东家枣完，去妇复还。"其厉志如此。

王吉年少时在长安寒窗苦读，他的妻子摘了邻居家的几个大枣让他吃，他不仅不领情，还差点把她休掉。可见，王吉为官清廉绝非偶然。

《中国纪检监察报》上有一篇《孔奋：身处脂膏，不能自润》的文章，评说的是东汉初年的一位著名的清官孔奋。据《后汉书》记载，孔奋曾在姑臧为官。姑臧是当时最富裕的地区之一，而"奋在职四年，财产无所增"，这在当时被人看成异类，遭到众人的嘲笑。

时天下未定，士多不修节操，而奋力行清洁，为众人所笑，或以为身处脂膏，不能以自润，徒益苦辛耳。

在士人多"不修节操"的时代，孔奋却特立独行，为众人所不解。一位守清廉、行仁政的官员，在官场潜规则风行的环境中，承受的不仅是寂寞与孤单，还不时受到讥讽与嘲弄。然而，他在民众心目中，则别有分量。当孔奋离去之时，老百姓自发地集聚千万资财，追送数百里之远，而孔奋拒不接受。如此盛况，足见孔奋的政绩与品德感人至深。

2. 贪者，民之贼也

齐宣王问孟子有关王政的事情。孟子举了周文王的例子。说周文王治理国家，只对农民收九分之一的税；让做官的人可以世代承袭俸禄；不随便在市场上征税；不禁止百姓到湖泊里去捕鱼；处罚罪犯不及妻儿；制定政策时总是优先考虑社会的弱势群体。齐宣王虽然认为孟子说得很对，但却并不愿意真正去实行。于是，他就找了个借口，说我太贪财，恐怕做不到。孟子就说：这没关系，贪财也并没有什么不好。从前公刘也一样很贪财，他因此想到老百姓也会有这样的想法，所以推己及人，尽量让老百姓的口袋鼓起来。大王，您如果也能做到这样的话，就可以实施王政了，实施王政并没有想象的那么困难。

> 政以得贤为本，治以去秽为务。
>
> ——《资治通鉴·汉纪》

有一次齐桓公在睡觉，他听见帐外的蚊子嗡嗡地叫，觉得它们饥肠辘辘着实可怜，就大发善心打开帐子让蚊子都跑到里面来吸自己的血。有的蚊子很懂礼节，不仅没有吸齐桓公的血，还向他作揖；有的虽然吸了齐桓公的血，但知道适可而止；有的就十分贪心了，哪里肯轻易放过这个饱餐一顿的机会，结果吸得过多，"腹肠为之破溃"，一命呜呼。

这个故事载于梁元帝萧绎创作的《金楼子》。"金楼子"据说是萧绎的号，他用以为书名。这本书里记载的事，有些是真实的，有些则属于"奇闻"。齐桓公有没有喂蚊子虽是一个历史疑案，但萧绎的目的显然不是要考证这件事。他不过是要借此来阐发自己的"止足"之论。

公曰："嗟乎，民生亦犹是。"乃宣下齐国，修止足之鉴，节民玉食，节民锦衣，齐国大化。

其实，这里讲的"止足"主要是针对"民"而非"官"，就是要求老百姓节约。但有一种观点则认为：桓公此举主要针对的是贪官污吏。并且据说齐桓公还因此专门发明了所谓的"蚊刑"，就是把犯人的衣服扒光了，让蚊子吸干其血，最后死去。死状恐怖至极。齐国的贪官污吏无不闻风丧胆。

齐桓公从忧蚊蚋之受饥，到嗟民生之靡费，从而掀起了一场声势浩大的反贪运动，这都是出自他的仁心。齐桓公不仅要求老百姓要节约，他自己还带头厉行勤俭。在齐桓公的带领之下，齐国的吏治得到了很大改观。

著名思想家荀子对贪污腐败问题的严重性有很深刻的认识，将之视为"伤国"大患。荀子认为：一切贪腐问题的病根都出在"心"上，所以，杜绝贪腐要从源头上想办法。故《荀子·君道》有言：

> 上好贪利，则臣下百吏乘是而后丰取刻与，以无度取于民。故械数者，治之流也，非治之原也；君子者，治之原也。

身为一国之君，如果有"贪利"之心，那么官吏肯定会跟风，趁机大肆搜刮民脂民膏。若真是如此，即便是再大力度的惩罚措施也未必有效。为什么？这就是所谓的"上行下效"，官员也只不过是有样学样罢了。因此荀子提出了一个更为"治本"的办法：变革人心。这就是他所谓的"君子者，治之原"的意思。

这话孔子也讲过。《论语·颜渊》中记载：季康子曾经问孔子怎么解决盗患，孔子答之以"不欲"。意思就是说，当政者不能穷奢极欲。

> 季康子患盗，问于孔子。
>
> 孔子对曰："苟子之不欲，虽赏之不窃。"

事实上，没有人真正愿意去做一个盗贼，只要当政者没有贪婪之心，盗患自然可以平息。就算是对盗窃行为进行褒奖，也不会再有人去做这样的事。换句话说，百姓做不做盗贼其实是由天子决定的。刘向在《说苑·贵德》当中把这个关系说得很清楚：

天子好利则诸侯贪，诸侯贪则大夫鄙，大夫鄙则庶人盗。

可见，百姓之好为盗贼，其实都是由于上位者的利欲熏心而引起的。故大凡明君，治官之贪首先由治己之心开始，孔子所谓"政者，正也"，即是此意。所以，治心，应该是治贪的前提。

老子其实也提出过类似的看法。他认为人的"贪心"是引起各种争端从而让国家陷入混乱的元凶，所以，对当政者而言，一定要克制"贪心"。

不尚贤，使民不争；不贵难得之货，使民不为盗；不见可欲，使民心不乱。

说到底，贪还是一个心的问题。当然，我们可以通过制度设计或者法律惩处等措施来治贪，但这些都不是釜底抽薪之策，根本还是要解决心的问题，也就是官德问题。《左传》说：

国家之败，由官邪也；官之失德，宠赂章也。

一个国家的衰败，首先是从官员变质开始的。官员不讲德行，贪污贿赂之事就多起来了。因此，廉政建设的当务之急是"廉德"建设。

3. 如此"裸官"

有一次，曾国藩亲自带人稽查户部银库，这期间发现银库大量亏空，很可能是有人私吞了库银。于是，他便决定亲自入库，誓要把此案查一个水落石出。当时在场的有负责管理银库的司库劳那米，还有负责稽查银库的稽查库藏御史来达玛马。司库劳那米见曾国藩有意进入银库查探，忙阻止道："区区小事，何必劳烦曾大人，不如让来大人去吧！"曾国藩猜想，这一定是劳那米做贼心虚，所以要阻止自己进入银库查探。可是，按照当时的规定，凡进入银库者必须脱个精光。曾国藩是读书人，这种事情毕竟不雅。但为了查清案件，他竟一点都不顾及形象，当下就把自己脱得赤条条的，后来查清了劳那米贪污的事实。于是，曾国藩"一脱成名"，成了中国历史上的"第一裸官"。

> 身处脂膏，不能以自润。
>
> ——《后汉书·孔奋列传》

提到"裸官"，人人都咬牙切齿，恨之入骨。因为裸官已经变成贪官的代名词，成了"过街老鼠"。现在的所谓"裸官"，是一个很形象的说法，通常是指那些把家人都送到了国外，把资产都悄悄转移到国外账户，而自己一个人留在国内继续做官的人。这样一来，他们就变得肆无忌惮，抱着"能捞就捞，不行就跑"的心态拼命捞钱。

在古代，"裸官"其实是一个褒义词，指的是为官清廉、两袖清风的官员。古人在任用官员上有所谓的"南北更调之制"，就是把南方人派到北方去做官，把北方人派到南方来做官。由于古时候交通并不便利，这样的长途迁徙花费可不少，绝非一般人可以承当，一人之盘缠已然是巨资，更何况是拖家带口？所以，清廉之士迫不得已选择只身一人前往当"裸官"。与家人分离是痛苦的，但也只好等到以后安定下来，再寻找机会把家人接过去。

清代的陈瑸就是一个这样的"裸官"。《郎潜纪闻》跟《清稗类钞·廉俭类》都记载了他为官清廉的很多史实。如《郎潜纪闻》是这样说的：

陈清端公瑸，释褐归里，讲学五年，足迹未尝入公门。每谓"贪不在多，一二非分钱，便如千百万"。后尝举此入对，圣祖嘉之。士未有未仕时律身不严，而居官能以清廉著闻者，觉于公益信。

后公令古田，调台湾，督川学，巡台厦，开府湖南、福建，孑身在外，几二十年，未尝挈眷属，延幕宾。公子旷隔数千里，力不能具舟车，一往省视。仆从一二人，官厨以瓜蔬为恒膳，其清苦有为人情所万不能堪者，公晏然安之，终其身不少更变。

陈瑸是一个有名的清官。他严于律身，廉洁清正。他认为贪污就是贪污，不论贪多贪少，哪怕是贪污一分两分钱，这跟贪污百万千万也没有什么分别。中国有句俗话，叫"小时偷针，大了偷金"，意思就是说坏习惯一旦养成就很难改变。贪污也是这样，有了第一次，就有第二次，第三次；收了小钱，后面就会收大钱。陈瑸正是看到了这一点，所以才会将清污之界限划得特别清楚。

陈瑸是一个真正的"裸官"。他在全国各地当了快二十年官，从来没有把一众家眷带在身边，甚至连个幕僚宾客都没有。不管去哪里都是孤家寡人。有一次，他的儿子想去看望他，结果连前往的车费都凑不齐，无奈之下只有作罢。可见，那时候的"裸官"是没钱的，绝不是什么"大款"。就靠一点"死工资"，陈瑸的日子当然是紧巴巴的。"官厨以瓜蔬为恒膳"，也没什么好东西吃，天天不是萝卜，就是青菜。

可是，就是这样一个"贫困户"，却又比谁都大方。康熙五十七年（1718）十月，陈瑸卒于闽浙总督任上，临终时又疏请以任内所应得廉俸一万三千四百余两上交国库。这个"苦行老僧"能得到康熙的重用一点也不奇怪。

晚清名臣曾国藩也认为"廉"是当官者最重要的品质之一，这是获取上司青眼、朋友信任、百姓信服的法宝。一个"廉"字，就是做一个好官的秘诀。

勤、廉二字看似平浅，实则获上在此，信友在此，服民亦在此，舍此二字，上司即偶然青盼，亦不能久；欲求寅僚之敬佩，百姓之爱戴，即袭取于偶然，亦不可得矣！

陈瑸二十年"形单影只"，曾国藩"一脱成名"，他们之所以名声不朽，在于一个"廉"字，"裸官"的真正意义就是"廉"。以前有"衣锦还乡"的说法，而做一个像陈瑸、曾国藩那样的"裸官"，也许更能为廉政建设带来示范效应。

4. 捡芝麻而丢西瓜

郑国的宰相喜欢吃鱼。有一次，有人专门拿鱼送给他，他却果断地拒绝了。那个送鱼的人觉得很不理解，就问："您平时不是很喜欢吃鱼吗，为什么不愿意接受呢？"郑国的宰相笑了笑，回答说："你说得不错，我的确是很喜欢吃鱼，但正因为这样，所以我才不能够接受。"那个送鱼的人听了之后更糊涂了，为什么喜欢却又不接受呢？郑国的宰相看他一脸迷惑，这才解释道："你想一下，要是我现在接受了你所送的鱼，这不就等于是受贿吗？这样我的官还能做得下去吗？官做不下去的话，我就没有俸禄；没有俸禄，我以后拿什么来买鱼吃？我现在不接受你送的鱼，只不过是一时没有鱼吃；但只要我还继续当官，就有俸禄，我就可以长期买鱼来吃。"

小利，大利之蛀；贪小利，则大利必亡。

——《刘子·贪爱》

清乾隆年间，一名叫高朴的皇亲国戚深得乾隆喜爱，他官运亨通，可以说是前途一片光明。乾隆四十一年（1776），皇帝出于让高朴锻炼一下、多积累一些政治资本的考虑，将其调到新疆出任叶尔羌办事大臣。高朴在抱怨过后，发现新疆天高皇帝远，没人来管，所以就开始大胆地做事儿、大胆地吃喝玩乐，此外又开始发展副业——捞钱。高朴捞钱还不是一般的捞法，他觉得只是光明正大地索要金银赚得还是太少，所以就开始在皇帝身上动脑筋，当时的乾隆很喜欢玉，高朴就想办法让他开放了采山玉，然后利用职权大量采玉，却只进贡一小部分，剩下的用来勾结商人和官员，很是赚了一笔，这还没完，他又开始了新的副业——卖官鬻爵。两年后，新任驻新疆乌什参赞大臣永贵，到叶尔羌视察工作，接到了一封密报，永贵立刻调查取证，并报告给了乾隆。乾隆听后大怒，直接批示：把高朴抓了，就地正法，尸体扔野地里喂狗！

这是因小失大的典型例子。并不是因为人们不懂得在大利和小利之间进行取舍，而是看不清大利、小利之间的联系。汉代刘昼在《刘子·贪爱》中将大利、小利及小吝、大祸的关系说得很明白：

小利，大利之殚言；小吝，大祸之津。苟贪小利则大利必亡，不遗小吝则大祸必至。

就是说，贪图小利，往往就得不到大利；死死抓住一点小利，最终可能导致大祸临头。利益摆在眼前，一般人当然想伸手去抓，但是要分清大利、小利，该抓不该抓心里才会有数。

刘昼用两个具体事例佐证了自己的观点。其中一个是因为贪图小利而损失了更大的利益；另一个则是因为过分小气，不舍放手，结果损失得更多。这都是分不清造成的。

第一个故事是：

昔蜀侯性贪，秦惠王闻而欲伐之。山涧峻险，兵路不通，乃琢石为牛，多与金郜，日置牛后号牛粪，言以遗蜀侯。蜀侯贪之，乃斩山填谷，使五丁力士以迎石牛。秦人帅师随后而至，灭国亡身，为天下所笑。以贪小利失其大利也。

这就是著名的"蜀侯迎金牛"的故事。蜀侯是一个贪婪之人。秦惠王有意讨伐。但是，蜀国地势险要，道路不通，秦国的大军根本没法前进。于是，秦惠王想了一个办法，他命人凿了很多石牛，又把一些金块放在牛后，说是

"牛粪"。蜀侯为了得到"牛粪"，果然派了人来凿山开路。秦惠王于是率领军队沿着这个道路前进，顺利灭了蜀国。蜀侯因此被杀。蜀侯因小失大，也因此成为天下人的一个笑柄。

第二个故事是：

楚白公胜，其性贪吝，既杀子西，据有荆国，积敛财宝，填之府库，不以分众。石谏曰："今患至，国将危不固。胜败存亡之机，固以形于胸中矣！不能散财以求人心，则不如焚之，无令彼众还以害我。"又不能从。

及叶公入，乃发大府之财以与众，出府库之宝以赋人，因而攻之，十有九日，白公身灭。财非己有，而欲有之，以此小吝而大祸生焉。

白公胜是楚国大夫，公元前479年，他击败吴军后，以献战利品为名，乘机发动叛乱，杀死子西和子期，又把楚惠王囚禁起来，自立为楚王。不久叶公率军擒王，与楚国民众共同攻打白公胜。白公胜兵败，自缢而死，楚惠王恢复王位。

其实，白公胜本来是有机会稳坐江山的，如果他能够大方地把他抢占的财宝分给众人的话，或者他干脆一把火烧了国库的话。然而，他这个人就是太小气了，到手的财宝哪肯放手。最后，叶公正是利用了这一点，他用财宝收买人心，一起杀了白公胜。白公胜为自己的小气付出了生命的代价。

孔子也教导弟子不要贪图小利，贪图小利就没法办成大事，因此从政切忌急功近利。

子夏为莒父宰，问政。子曰："无欲速，无见小利。欲速则不达，见小利则大事不成。"

子夏做了莒父这个地方的长官，他向孔子请教怎么治理。孔子就告诉他，不要急功近利，也不要贪图小利。太着急了，反而会达不到目标；只顾眼前，就成不了大事。这就是政治中的大小之辨。

四、法度

1. 让法律成为信仰

赵绰是隋代一位杰出的法官。有一次，名将之后萧世略在江南造反，按照当时的法律规定，他父亲萧摩诃也应当受到牵连，因此赵绰欲治其罪。但是隋文帝有意放萧摩诃一马，就替他开脱："萧世略年纪尚小，他造反肯定是被人逼迫的，不如就只治他一人之罪算了，放了萧摩诃吧！"赵绰死活不同意。隋文帝没办法，就让赵绰先退下，想等他走了再悄悄把人放了。但赵绰不肯，他说："这个案子没了结，我还不能离开。"又有一次，有两个人因在集市上使用劣币而违法，被官兵逮捕了，隋文帝下令将其斩首。赵绰赶紧说："不行，犯这个罪的，按律只能杖责，不能斩首。"隋文帝没好气地说："不关你的事。"赵绰半点也不退让，仍坚持要按照法律规定办事。

> 法者，天下之程式也，万事之仪表也。
>
> ——《管子·明法解》

苏轼说"法出于仪，威于义"，就是说法律出自礼仪，但威严来自大义。这种大义怎么来的呢？关于这个问题，我国古人就已探讨过。王勃说，"法立，有犯而必施；令出，惟行而不返"；欧阳修说，"法施于人，虽小必慎""号令不虚出，赏罚不滥行"；苏辙说，"法行于贱而屈于贵，天下将不服"。具体来说就是要从四个方面入手。

第一，立善法。立法，是让法律成为信仰的逻辑起点。如果没有立法，就谈不上对法律的信仰。但让法律成为信仰，不仅要立法，而且还要立"善法"。"善法"一旦创立，还必须不折不扣地贯彻才行。《吕氏春秋》中说到鲁国有一条"善法"：

> 鲁人为人臣妾于诸侯，有能赎之者，取其金于府。

据说，有一次，孔子的学生子贡在其他国家用钱赎出了几个鲁国的奴隶，但他并没有找官府报销。孔子知道这个事情之后，认为子贡这么做是错误的：

> 赐失之矣。自今以往，鲁人不赎人矣。取其金则无损于行，不取其金则不复赎人矣。

子贡错在哪里了？孔子认为子贡这样在道德上虽然是高尚的，却会损害了法律的实际施行。如果这样的"善法"都不能实行，那就未免太可惜了。

第二，严执法。正所谓"天下之事，不难于立法，而难于法之必行"。困难的不是立法，而是执行。执法严，最主要的是对违法犯罪行为一视同仁，坚决按法律办事。《文子·上义》曰：

> 法定之后，中绳者赏，缺绳者诛，虽尊贵者不轻其赏，卑贱者不重其刑。
>
> 犯法者，虽贤必诛，中度者，虽不肖无罪。是故公道行而私欲塞也。

法律一旦确定下来，不管是谁，凡是遵守法律的就赏赐，违犯法律的就惩处。不管是尊贵之人还是卑贱之人，都要严格按照一个标准执行。赏多赏少，罚众罚寡，该诛杀，或该无罪释放，都一定要做到有据可循。

第三，正司法。司法是维护社会公平正义的最后一道防线，也是民众信仰法律的最大期望。而对一般民众而言，当其个人的正当利益受到侵害时，司法是一条最可信赖的途径。如果司法都不公正，那民众就真的"喊天天不应，叫地地不灵"了。

哲学家培根曾说："一次不公正的审判，其恶果甚至超过十次犯罪。因为犯罪虽是无视法律——好比污染了水流，而不公正的审判则毁坏法律——好比污染了水源。"司法的公正，事关法律权威与政府的公信力，有可能从根本上动摇法律信仰，不可不慎！

中国人历来就很重视司法问题。古人提出了"罪疑惟轻，功疑惟重""诛禁不当，反受其央""宥过无大，刑故无小""无情者不得尽其辞"等多条司法原则。历史上郭躬就以"用法平"而著称：

永平中，奉车都尉窦固出击匈奴，骑都尉秦彭为副。彭在别屯而辄以法斩人，固奏彭专擅，请诛之。显宗乃引公卿朝臣平其罪科。躬以明法律，召入议。

议者皆然固奏，躬独曰："于法，彭得斩之。"

帝曰："军征，校尉一统于督。彭既无斧钺，可得专杀人乎？"

躬对曰："一统于督者，谓在部曲也。今彭专军别将，有异于此。兵事呼吸，不容先关督帅。且汉制棨戟即为斧钺，于法不合罪。"

帝从躬议。

对郭躬而言，他的"平"就是不畏强权，一听于法。汉显宗跟其他大臣都认为秦彭有擅权之嫌，没征得他的长官窦固的同意就"辄以法斩人"，罪当诛杀。在这样的情况下，"明白人"肯定也就不会再说什么了，但郭躬还是站出来为秦彭说话，他认为"将在外，军令有所不受"；况且按汉制，"棨戟即为斧钺"，那秦彭使用棨戟也一样可以代表军权，换句话说，他完全有权力依法处置违犯军法之人，所以他并没有做错什么。

第四，谨守法。守法，也是信仰法律的一个体现。虽然一个人守法，未必一定就是出于信仰；但是，一个谨慎守法的人，心里最起码很清楚法律是不可侵犯的，这正是信仰的开始。

东汉郑众是一个守法的典范。据《东观汉记》记载：汉光武帝建武年间（25—57），皇太子刘庄（即后来的汉明帝）和山阳王刘荆曾命虎贲中郎将梁松带着缣帛去聘请郑众，但郑众以太子无外交之义，藩王也不应该私下结交宾客为由拒绝了梁松。梁松劝他说，这是太子和山阳王的意思，最好不要违逆。但郑众却说：

> 犯禁触罪，不如守法而死。

梁松没有办法，只得如实转告太子和山阳王。好在太子和山阳王都没有怪罪郑众，只是觉得他是个奇人。永平四年（61），梁松因事下狱处死，很多宾客都受牵连，而郑众却没有受影响，他是因为公正守法而受到保护。

2. 法律的生命力在于实施

战国初期，魏国还算不上是强国。虽然赵、魏、韩三家分晋，表面上是平起平坐的。但论军事，魏国比不上赵国；论经济，魏国又不如韩国。夹在赵、韩之间的魏国并没有与两个邻国抗衡的资本，更不要说魏国周边还有秦、楚、齐等国对之虎视眈眈。魏国想要变强，只有变法这一条路。魏文侯时，他重用李悝，开始在魏国实施了一系列的变法。变法涉及政治、经济、军事等方面，李悝还搜集当时各国法律汇编为《法经》一书，把变法成果用法律的形式固定下来。李悝的变法卓有成效，魏国在诸侯之中很快就脱颖而出。但是，李悝死后，魏国的"良法"虽然还在，却再也没得到有效实行，于是，没过多久，魏国又再度衰弱下去。

> 法令行则国治，法令弛则国乱。
>
> ——《潜夫论·述赦》

李悝变法是中国变法之始，在历史上产生了深远的影响。李悝之后的商鞅变法、吴起变法等都受到过其影响。但是，从结果来看，李悝的变法最终还是失败了。这是为什么呢？难道是李悝的"法"有问题吗？其实，李悝之法不可谓不良，但奈何魏文侯之后就再也没有真正实行过。

在李悝变法之后几十年，秦国的变法也开始了，这次主持变法的是商鞅。商鞅在秦国的改革虽然成功了，但他本人却遭人嫉恨，被处以极刑。可是，在商鞅死后，秦国的新法并没被废止，而是继续推行下去，因此秦国才最终完成了统一六国的历史使命。

商鞅很重视所谓的"使法必行之法"，这个概念有点像现在的"程序法"，这是保证"实体法"得以实行的法律。商鞅的这种思想显然是超前的。《商君书·画策》曰：

国之乱也，非其法乱也，非法不用也。国皆有法，而无使法必行之法。国皆有禁奸邪刑盗贼之法，而无使奸邪盗贼必得之法。为奸邪盗贼者，死刑，而奸邪盗贼不止者，不必得也。必得，而尚有奸邪盗贼者，刑轻也。刑轻者，不得诛也。必得者，刑者众也。

商鞅强调了"使法必行之法"，这就是其进步之处，但他又过分强调了"重刑"，并不符合现代的法治精神。

与商鞅一样，法家的申不害还从另一个角度谈到了为什么法令难以推行。他认为，人情会对法律形成很大干扰，如果君王不能排除人情的干扰，就很难真正推行法令。《韩非子·外储说左上》中记载了一件很有意思的事情。

韩昭侯谓申子曰："法度甚不易行也。"申子曰："法者见功而与赏，因能而受官。今君设法度而听左右之请，此所以难行也。"昭侯曰："吾自今以来知行法矣，寡人奚听矣。"

一日，申子请仕其从兄官，昭侯曰："非所学于子也。听子之谒败子之道乎？亡其用子之谒。"申子辟舍请罪。

韩昭侯是一位比较有作为的君主。他在位之时，韩国的国力达到了鼎盛。

公元前 355 年，韩昭侯启用申不害为相，实行改革，韩国开始走上正轨，日渐强大起来。

申不害在韩国 "修术行道"，以法治国。但法令总是得不到很好的推行。一天，韩昭侯跟申不害发牢骚，为什么法令这么难以实行呢？申不害说，法令必须论功行赏，因任授官，如果您还总是听信身边人的言辞，把法令置于一边，那法令肯定难以实行。韩昭侯听明白了。

但是，没过多久，申不害却跑来找韩昭侯走后门，想为他的哥哥谋一个官职。这个时候，韩昭侯 "活学活用"，就对申不害说，你之前不是教我要按法令办事吗，现在怎么又反其道而行之呢？申不害吓得赶紧磕头认罪。

不过，尽管有些困难，要让法律得到有效实施，也并不是完全没有办法。

一是 "法立，有犯而必施；令出，惟行而不返"。对于违犯法令者，绝不姑息纵容；法令一经确立，就不能半途而废，也不能轻易改弦更张。做到这两点，法律就能得到有效实行。

二是 "历法禁，自大臣始，则小臣不犯矣"。当大官的，带头守法，小官就不敢违犯；小官不违犯，百姓就更不敢违犯。换言之，就是官员要带头守法，起到一个模范作用。

三是 "尽忠益时者虽仇必赏，犯法怠慢者虽亲必罚"。有效实行法律的另一条有效途径就是司法公正，赏罚分明，树立典型。守法好公民，得到表彰；违法犯罪分子，受到制裁。在法律面前，坚持 "人人平等"，不分贤、不肖，也不论亲与疏。

四是 "执法如山，守身如玉"。执法者既要刚正不阿，又要洁身自好。知法而犯法是对法律的最大伤害。人人做到守法，就是对法律的最大尊重。有法而不依，有法不如无法。

其实，法律要得到有效的实施，关键还在于四个字：立法为民。因为只有真正是为民所立的法律，老百姓才会打心底里愿意去恪守和奉行。

3. 违法的代价

有一次，曹操行军要经过一片麦地。麦子虽然已经成熟了，但百姓因害怕官兵而不敢前去收割。曹操对百姓说："大家不要害怕，我已经下令不让官兵踩踏麦田，违者军法处置，你们放心，等军队一过去，就可以收麦子了。"百姓听了都很高兴。曹操一行人，经过麦田的时候，都走得小心翼翼，骑马的士兵大多都下来牵着马走。曹操坐着马正要前进，忽然一只鸟儿飞了出来，曹操的马受到惊吓，在麦田乱跑起来，践踏了一大块麦田。曹操让行军主簿治自己的罪。主簿说："属下怎么能治丞相的罪呢？"曹操说："我自己下的命令，自己却又违犯，若不治罪还怎么率领部下？"说着就要拔剑自刎。大家见状赶紧劝阻。曹操沉吟良久，遂引剑割发掷地，以示法不可违。

> 设而不犯，犯而必诛。
>
> ——《孙子略解》

"法网恢恢，疏而不漏"，意思是说违法犯罪分子终归难以逃过法律的惩罚。违法，需要付出巨大的代价，有的留下一世骂名，有的沦为阶下之囚，有的落得众叛亲离、妻离子散，有的错失大好前程，有的惨遭杀身之祸，有的甚至还祸及妻儿。

西汉博士徐偃就因违法犯罪而最终被"国除"。《史记·惠景间侯者年表》记"建元六年"如下：

侯偃有罪，国除。

侯偃，就是徐偃，因为他曾经做过松兹侯，所以叫侯偃。因为犯有罪行，他的侯爵之位被国家废除了。徐偃本来会有一辈子享不尽的荣华富贵，可就因为违法犯罪而化为乌有，这代价不可谓不大。

后来，徐偃又因为"矫诏"事件而人头落地。《汉书》中对此有记载：

元鼎中，博士徐偃使行风俗。偃矫制，使胶东、鲁国鼓铸盐铁。还，奏事，徙为太常丞。御史大夫张汤劾偃矫制大害，法至死。偃以为春秋之义，大夫出疆，有可以安社稷，存万民，颛之可也。汤以致其法，不能诎其义。

有诏下军问状，军诘偃曰："……偃已前三奏，无诏，不惟所为不许，而直矫作威福，以从民望，干名采誉，此明圣所必加诛也。'枉尺直寻'，孟子称其不可；今所犯罪重，所就者小，偃自予必死而为之邪？将幸诛不加，欲以采名也？"偃穷诎，服罪当死。

元鼎是汉武帝的第五个年号。此时大约离徐偃被"国除"已经有三十余年。这一年，徐偃被派出巡视风俗民情，他竟然又假托皇帝的命令，在胶东、鲁国一带熬盐炼铁。回到朝中上奏，调任太常丞。御史大夫张汤看不过去，认为徐偃这样做危害极大，应判死罪。徐偃还不断为自己开脱，他认为自己只是便宜行事。两个就这样争得不可开交。于是，汉武帝下诏让终军来审问，终军责问徐偃："皇上多次否决了你的想法，你竟然假托皇上的命令作威作福，来迎合百姓的心意，求取个人名誉。对这样的作为，皇上一定要加以惩罚。"徐偃理屈词穷，承认有罪该死。

终于，徐偃因为无视国法而付出了生命的代价。他本来还想赢得百姓的赞誉，结果只能落得个身败名裂的下场。等到这个时候，已然追悔莫及。

违法的后果必须自己承担。等到违了法，才知道害怕，想找关系，走后门，悔之晚矣。早知如此，何必当初？

《后汉书·赵憙传》中讲到这样一件事情：

（赵憙）后拜怀令。大姓李子春先为琅邪相，豪猾并兼，为人所患。憙下车，闻其二孙杀人事未发觉，即穷诘其奸，收考子春，二孙自杀。京师为请者数十，终不听。

时赵王良疾病将终，车驾亲临王，问所欲言。王曰："素与李子春厚，今犯罪，怀令赵憙欲杀之，愿乞其命。"帝曰："吏奉法，律不可枉也，更道它所欲。"王无复言。

赵憙拜为怀县县令。当地有一大户，叫李子春，起初担任过琅邪相，他在当地一贯巧取豪夺，百姓深受其害。赵憙一到任，听说他的两个孙子杀了人，但一直未被查出，就极力查问其中的奸情，逮捕了李子春，他的两个孙子也因此而自杀。李子春动用了京城的关系，前来给他说情的人有几十个，但赵憙不为所动。

当时赵王刘良得了重病，到了垂死边缘。光武帝亲临看望赵王，问他有什么要说的。赵王说："我平素与李子春相好，现在他犯了罪，怀令赵憙想杀他，愿乞求留其性命。"光武帝说："官吏奉法，法律不可歪曲，你再说说其他要求吧。"赵王无言以对。

违法的代价，可能是名誉，也可能是金钱，或者是爱情、友情、亲情，也可能是前途，可能是自由，甚至是生命。

4. "不二法门"

商鞅在秦孝公的支持下开始在秦国实施变法。新法已经推行了一年有余，但是秦国的百姓似乎都不怎么买账，新法的推行受到了很大的阻碍。有一次，太子驷违犯了新法。这下子，事情更麻烦了。新法的推行本来就很不顺畅，现在连太子都带头犯起了法，百姓还有谁会把新法放在眼里？想到这里，商鞅觉得必须要严厉处罚违法者，否则新法的公信力将荡然无存，新法必然会夭折。他说："已经一年了，但法令还没得到很好的推行，主要是因为居于上位者带头违犯又得不到惩处。所以，必须对犯法者加以严惩。"商鞅把指使太子驷违法的太子傅公子虔和太子师公孙贾抓起来，严厉处罚了公子虔，并对公孙贾实施"黥"刑，在他脸上刺上了"犯法者"的记号。

> 法不阿贵，绳不挠曲。
> ——《韩非子·有度》

"不二法门"本是禅语，指直心入道，不可分别。其实，法律中也有一个"不二法门"，那就是"法律面前，人人平等"。法律对于每一个人来说都是平等的，公正的，没有人能超越于法律之上。不二法门，主要有两点：其一，每一个人都有完全一致的守法、遵法的义务。其二，对违法者要一视同仁，也就是说法律的惩罚不能因人而异，搞特殊化。

法律当中的不二法门，由法家首倡。管仲很早就提出了"君臣上下贵贱皆从法"的观念，强调不管是谁，都要一遵于法。法律面前，没有特权群体。他在《管子·任法》中说：

《周书》曰："国法，法不一，则有国者不祥；民不道法，则不祥；国更立法以典民，则不祥；群臣不用礼义教训，则不祥；百官服事者离法而治，则不祥。"

故曰：法者不可不恒也，存亡治乱之所以出，圣君所以为天下大仪也。君臣上下贵贱皆发焉，故曰"法"。

这里所引《尚书》的内容归纳了一个关键词，"法一"。这个"法一"跟"不二"法门有什么关系呢？二者是一样的吗？其实应该是有细微差别的。所谓"法一"，是指制定一套统一的法律法规；而"不二"则主要在法律遵守和法律适用上不能搞两套标准。一个主要是讲立法，另一个则主要讲守法和司法。

文中所引《周书》之语，大意为：国家法律不一，国君不祥。百姓不遵守法律，不祥。国家擅改已立的法度来管理人民，不祥。大臣们不用礼节和法制来教育百姓，不祥。大小官员等主事之人脱离法度办事，也是不祥之兆。

所以说，法律必须要保持一贯性，它是存亡治乱的根源，是圣明君主用来作为统治天下的最高标准。无论君主或群臣、上层或下层、贵者或贱者，都必须一律遵守，这就叫作"法一"。

战国时期的韩非子是法家思想的集大成者。他继承了管子（管仲）的"君臣上下贵贱皆从法"的主张，并且还明确地提出了"法不阿贵"的新观点。他的这个观点主要是为了反对儒家的"刑不上大夫"，这体现了韩非子思想的革命性。

儒家本来就有"刑不上大夫"的说法。意思是说，一般的刑罚对于大夫而言，是不适用的。这句话出自《礼记·曲礼》：

礼不下庶人，刑不上大夫。刑人不在君侧。

意思是说，礼法不能够往下加给平民；而刑罚也不能往上用在大夫的身上。甚至于，凡是受过刑罚之人，都不能站在君主身旁。这就是儒家所谓的"刑不上大夫"。当然，这并不意味着大夫违法犯罪就可以不用接受惩罚。郑玄在注释这句话时，说：

刑不上大夫，不与贤者犯法。其犯法，则在八议轻重，不在刑书。

可见，贤者即大夫，他们犯法也是有相关惩罚措施的，只不过那些措施是单独适用的，并不在一般刑书之中。什么是"八议"呢？"八议"就是八种可以不经司法审判而直接由皇帝裁决的情况。这八种情况，《周礼·秋官司寇·小司寇》中都有列出：

以八辟丽邦法，附刑罚：一曰议亲之辟，二曰议故之辟，三曰议贤之辟，四曰议能之辟，五曰议功之辟，六曰议贵之辟，七曰议勤之辟，八曰议宾之辟。

一般情况下，如果属于以上八种情况，都是可以减刑，甚至于完全免除刑罚的。就是说，大夫犯法是有一定特权的。韩非子提出"法不阿贵"主要是针对这些特权阶层。他在《韩非子·有度》当中这样说道：

故以法治国，举措而已矣。法不阿贵，绳不挠曲。法之所加，智者弗能辞，勇者弗敢争。刑过不辟大臣，赏善不遗匹夫。

韩非子的这种思想比管仲更进了一步。管仲要求不论贵贱，都一律要守法。韩非子则认为：不论贵贱，但凡有犯法行为，就都要接受相同的惩罚。也就是说，管子强调的是守法平等，而韩非子更强调的是司法公正平等。

韩非子认为，以法治国，关键在于立法和推行。而推行的重点，就是司法公正。所以，法令不偏袒权贵，就好像墨绳不迁就弯曲。法令该制裁的，智者不能逃避，勇者不敢抗争。惩罚罪过不回避大臣，奖赏功劳也不漏掉平民。这样的话，法律就能很好地推行下去。

韩非子的"法不阿贵"思想对中国的影响是巨大的。从韩非子之后，这几乎成为中国人的一个共同信仰。当然，在封建时代，要求实现完全的法律平等是不太现实的。但正因为有了"王子犯法，与庶民同罪"这样的观点，那些受制于法律的达官贵族们就不得不三思而行了。

五、富国

1. "一个都不能少"

尧是上古时期的圣君，他勤政为民，以百姓受苦受穷为忧，致力于让百姓都过上好日子。尧曾说："我一门心思扑在治理国家上，最希望穷苦人民都能吃饱穿暖，过上好日子。看到百姓遭罪，我的心里就非常痛苦；百姓不顺遂，我又感到十分忧愁。"天下只要有一个人在挨饿，尧就一定会说："这是我没做好啊，是我让他挨饿了。"天下只要有一个人在受冻，尧就一定会说："这是我没做好啊，是我让他受冻了。"天下只要有一个人因为犯罪而受罚，尧就一定会说："这是我没做好啊，是我让他陷入这种境地的。"尧正是抱着这种希望天下无一人不"富"，无一人不"好德"的志向来治理天下的，所以才能把天下治理得很好。

> 一家富而一家治，一国富而一国治，天下无一人不富而天下治。
>
> ——《囚时论·论财用》

"钱不是万能的，但没有钱是万万不能的。"一个人没有钱，会"人穷志短"，在人前抬不起头。家庭没有钱，会"贫贱夫妻百事哀"，家庭矛盾可能一触即发。一个国家太贫穷，"落后就要挨打"，难免外有敌辱，内无民亲，政权摇摇欲坠。所以，不管对个人，对家庭，还是对国家来说，财富无疑都是必不可少的资源。治家、治国乃至治天下，都离不开财富的保障。

中国人历来就很重视"富"。比如《尚书》中就率先提出了"五福"的说法，而"富"正是其中之一；与之相对，"贫"则属于"六极"之一。《尚书·周书·洪范》：

五福：一曰寿，二曰富，三曰康宁，四曰攸好德，五曰考终命。

六极：一曰凶、短、折，二曰疾，三曰忧，四曰贫，五曰恶，六曰弱。

"五福"也就是幸福的五个要素，包括：长寿、富贵、康宁、好德和善终。"六极"是指六种极其凶恶、不幸之事，主要包括：早死、疾病、忧愁、贫穷、邪恶、弱小。在古人看来，富贵是幸福必不可少的条件。

孔子也认为"富贵"是人们的一种美好追求，但他主张要在符合道义的前提之下进行。这其实是把《洪范》中"富"与"好德"两个要素做了结合。《论语·里仁》：

子曰："富与贵，是人之所欲也；不以其道得之，不处也。贫与贱，是人之所恶也；不以其道得之，不去也。君子去仁，恶乎成名？君子无终食之间违仁，造次必于是，颠沛必于是。"

古语中有很多单音节词，就是一字一义。古人讲"富"是一个意思，指财富多；讲"贵"是一个意思，指地位高。孔子认为：财富与地位都是人们追求的东西，但要做到"君子爱财，取之有道"，不能抛弃"仁义"去追求"富贵"。但如果不妨碍仁义，追求富贵就是理所应当的。所以，孔子又说：

富而可求也，虽执鞭之士，吾亦为之。如不可求，从吾所好。

孔子讲的"执鞭"就是给人驾车，这在古代是一种很低贱的工作，但孔子认为这并没违背仁义之道，所以是一种正当的职业，通过这种职业去获取财富也是可以的。

孔子不只强调个人之"富"，也从国家层面谈民之"富"。他就此提出了"足食""富之"等主张。当然，孔子依然是把仁义放在第一位的。

子曰："足食，足兵，民信之矣。"

孔子认为，要治理一个国家，要做好三件事，即保障百姓的基本生活，增强军事力量，赢得人们信任。同时，孔子又认为，三者之间，富民是基础，军事是保障，民信是关键。

孟子主张"制民之产"，荀子认为"裕民"是政治的目的，主张"以政裕民"等等，这些观点都体现了儒家"以民为本"、重视"民生"的"富民"思想。

墨子也很重视"富民"。这与墨子出身平民可能有一定关系。墨子思想的归宿是"兴天下之利，除天下之害"。墨子富国思想的心是"国备"。《墨子·七患》说：

食者，国之宝也；兵者，国之爪也；城者，所以自守也；此三者，国之具也。……且夫食者，圣人之所宝也。故《周书》曰："国无三年之食者，国非其国也；家无三年之食者，子非其子也。"此之谓国备。

墨子认为要维持一个国家，有三样东西是必不可少的，食物、军队和城池。其中，他重点论述了食物的重要性。《周书》上说：国家若不预备三年的粮食，就会陷入危险；家庭若不预备三年的粮食，就没有办法养育子女。因此，国家一定要在平时储备更多粮食和财富，这就叫作"国备"。

邓小平提出"共同富裕"的主张，就是对古人富国思想的继承与发展。他指出："搞社会主义，就是要使生产力发达，贫穷不是社会主义。"国家就是让人民富裕。共同富裕，就是人人都要富裕，一个都不能少。当然，为了最终实现这个目标，可以允许一部分人先富起来，再通过先富带动后富，并逐步让所有人富起来。

习近平总书记指出："在扶贫的路上，不能落下一个贫困家庭，丢下一个贫困群众。"脱贫致富，一个都不能少。"仓廪实而知礼节"，只有确保经济搞上去了，"民主更加健全、科教更加进步、文化更加繁荣、社会更加和谐"

等目标才有可能实现。

2. 民富则家国安

万历皇帝朱翊钧是一个极为贪财的皇帝。他常常挖空心思，找各种借口要钱。比如他的妃嫔生了子女，他就要户部和光禄寺必须献上数十万两白银作为贺礼。等到公主出嫁时，或者皇子娶妻时，他又要收一次贺礼。他还喜欢抄家，认为这是一条来钱的好路子。有的官员犯了罪之后竟公然贿赂万历皇帝，不但免了罪还因此升了官。也有很多官员因为无法忍受万历皇帝的罚款抄家，干脆辞官回家。后来，万历皇帝又打起了百姓的算盘。他竟然派大批太监充当矿监和税使，大肆搜刮民脂民膏。这就是历史上有名的"采榷之祸"。百姓都愤愤不平，骂万历皇帝是个大昏君。

岂有民贫于下，而国富于上邪？

——《南齐书·武十七王传》

虽然国家富强、人民富裕是一个美好的愿望，但现实中富国、富民似乎总难以达到平衡。纵观整个中国古代史，有四个为我们所称道的朝代，即汉唐宋明，对于这四个朝代我们通常这样评价："强汉盛唐，富宋刚明。"这四个朝代各有侧重，很难下一个论断谁比谁更好。关于富国与富民的关系，古人有很多精辟的论述，却没有形成一个定论。

一是先富民，后富国。这种观点认为以先后次序而言，应以富民在先，富国为后。也就是说，富民是富国的基础，如果没有富民，那就谈不上富国。如郑观应说：

欲强国，必富国；欲富国，先富民。而富民之道，则不外以实业为总枢，欧美各国历史昭昭可考。矿产、森林、畜牧、交通、制造以及种种商业，无论国有、民有，皆足以致富。

不难看出，郑观应的观点可能受到了西方世界的影响。但他说的也不是没有道理，一个国家的根基在民，如果民都不富的话，那国家又怎么可能强大呢？

二是先富国，后富民。这种观点与前述观点相反，认为以先后次序而言，应当富国在先，富民在后。韩非子曾引田鲸语：

欲利而身，先利而君；欲富而家，先富而国。

这是一种典型的"先富国，后富民"观点。田鲸把"利身""富家"放在"利君""富国"的后面，并以此告诫自己的儿子，说明他认为只有国家这个"大家"富裕了，人民的"小家"才有可能跟着富裕。但韩非子本人似乎不太主张"富民"。他曾说："民足何可以为治?"他担心富民会给国家的治理带来额外麻烦。因为人民富足，就会不容易受利益驱使，控制起来相对困难。

三是民富，则国富。这种观点更强调的是富国与富民之间的一种因果关系，认为就因果关系而言，民富为因，国富是果。明太祖朱元璋就是这样认为的。他说：

民贫则国不能独富，民富则国不至独贫。

朱元璋不仅看到富民是富国的基础，同时他还认识到：如果百姓贫穷，国家也不可能"独富"。换言之，国富，一定是建立在民富的基础之上的；民富，国就一定会富。

四是国富，则民富。就因果关系而言，国富为因，民富为果。墨子提出的"官府实则万民富"属于此类。《墨子·尚贤》对此有详细论述：

故国家治则刑法正，官府实则万民富。上有以洁为酒醴粢盛以祭祀天、鬼，外有以为皮币，与四邻诸侯交接，内有以食饥息劳，将养其万民，外有以怀天下之贤人。

其实，墨子这里是把"万民富"看得过低了，以为"食饥息劳"就算"富"了。他认为国家要办的事很多，要搞祭祀，又要搞外交，还要安抚百姓，招揽人才，样样都需要花销，所以一定要先充实国库。严格讲，墨子所说的"官府实"与"万民富"之间的因果联系是有条件的，假如"官府实"而百姓不能"被其利"的话，这个因果链条也就不复存在了。

五是藏富于民。这种观点不论先后，也不讲因果，而是主张富民即富国。不管是把财富放在国库里，还是放在"富家巨室"，只要财富能为国所用，那还不都等于是国家的吗？比如"理学民臣"丘濬（邱浚）在《大学衍义补》中说：

富家巨室，小民之所依赖，国家所以藏富于民者也。

显然，邱浚所讲的"民"只限于"富家巨室"，并不指一般"小民"。也就是说，他认为一个国家的财富，应该由为数不多的几个"财阀"掌握，但他又强调他们应该给"小民"依赖。用现代话说，邱浚应该是一个"国退民进"党，他更重视"民营经济"。

六是富在民，不在国家。这个说法更强调富民，但并没有认为富民为先、富民为因，也不主张藏富于"富家巨室"，而是真正把每一个公民的富裕放在第一位。如清人郭嵩焘说：

今言富强，一视为国家本计，抑不知西洋之富，专在民，不在国家也。

在他看来，所谓"富"，主要是指"富民"，但他也不否定"富国"。他曾经说过："岂有百姓穷困而国家自求富强之理？"他否定的是只求"富国"而不求"富民"。

七是富民兴，富国亡。这种观点认为富民是王道的表现，而富国则是亡国之君的所为。在这里，富民与富国代表的是两种截然对立的施政理念，有一定的对立性。比如《荀子·王制》中说：

> 故王者富民，霸者富士，仅存之国富大夫，亡国富筐箧，实府库。筐箧已富，府库已实，而百姓贫：夫是之谓上溢而下漏。入不可以守，出不可以战，则倾覆灭亡可立而待也。

荀子主张，实行王道的人想办法让百姓富裕，只知道富国之人则有亡国之虞。因为如果只有国家富裕，而百姓却很贫困的话，则"入不可以守，出不可以战，则倾覆灭亡可立而待也"。荀子所言，正好是墨子不想承认的那种情况。

总体来说，在富国与富民二者中，古人更重视的是富民。有的把富民看成是富国的必要条件，有的把富民看成是富国的充分条件，更有的把富民看成是富国的充分必要条件。当然，其他的一些看法也很有意义，比如"富民兴，富国亡"，这对于现实社会很有启发：发展经济，不能搞"唯 GDP 论"，要更加注意改善民生，要努力提高人民的幸福指数。

3. 治国必治心

孔子有一个弟子，叫作言偃，就是子游。言偃在武城做长官。有一次，孔子和其他弟子到武城这个地方来看望子游。孔子看到老百姓都在奏乐而歌，就对子游说："治理一个小小的武城，也值得用礼乐吗？你这不就好像用一把宰牛的刀来做杀鸡这种事吗？"子游恭敬地答道："我以前听老师说过：礼乐不仅是君子之学，一般人也应该要学习，我并不觉得用礼乐来治理一个小地方有什么不妥当。"孔子便对弟子们说："子游说得对呀！我刚才说的话，只不过是开一个玩笑罢了。"

> 仁义礼善之于人也，辟之若货财粟米之于家也。
>
> ——《荀子·大略》

治理一个国家，不能把眼光局限于物质财富的增长，还要关注精神、道德方面的富足。一个国家的人民如果只有物质生活的富足，却没有相应的精神生活的提升，这是很糟糕的。孔子就提到过这样的情况。

子曰："饱食终日，无所用心，难矣哉！不有博弈者乎？为之犹贤乎已。"

子曰："群居终日，言不及义，好行小慧，难矣哉！"

前一种人，"饱食终日"，就说明物质生活还是相对富足的，但这样的人却整天都"无所用心"，这就很麻烦了。他们做点什么不好呢？就算是下棋，那也比闲着要好啊。后一种人更加糟糕。他们吃饱了饭就没事干，整天聚在一起不知道说些什么东西，说出的话没一句符合道义的标准。游手好闲不说，还喜欢到处卖弄小聪明，能拿他怎么办呢？

因此，孔子认为，国家在人口增加后，首先考虑富裕问题，富裕之后，就要考虑教育了。所谓"教之"，就是要让百姓精神富足。也就是说，孔子主张不仅要富物质，更加要富精神、富思想。

子适卫，冉有仆。子曰："庶矣哉！"冉有曰："既庶矣，又何加焉？"曰："富之。"曰："既富矣，又何加焉？"曰："教之。"

冉有是孔子的弟子，以政事见称，孔子去卫国，冉有为他驾车，看到卫国人口众多，冉有便问人口足够多后做些什么，孔子说使民富裕，此后对其进行教化。孔子的这一思想是很有见地的，他强调了两个问题，首先治民之产和富民之精神都很重要，其次教化百姓是建立在经济富足的基础之上的。孔子还有一个弟子，叫作颜回，他也家境贫寒，但他对此并不在乎，也不会去想怎样发家致富，而是安于贫困，以求道为乐。孔子对颜回赞誉极高。

子曰："贤哉回也！一箪食，一瓢饮，在陋巷，人不堪其忧，回也不改其乐。贤哉，回也！"

可见，孔子虽然也看重物质财富，但他把精神财富看得更重，这是因为他更加强调精神的追求。孟子与孔子相比，则显得更现实。他认为，物质的富足是追求精神世界的前提。对"士"而言，可能不是很明显，但对一般人而言则显而易见。

无恒产而有恒心者，惟士为能。若民，则无恒产，因无恒心。苟无恒心，放辟邪侈，无不为已。

是故明君制民之产，必使仰足以事父母，俯足以畜妻子，乐岁终身饱，凶年免于死亡。然后驱而之善，故民之从之也轻。

像颜回那样的"士"当然可以做到安贫乐道；但一般百姓，如果没有固定的资产，是不会有"恒心"的。民无恒心，就有可能做出各种无法无天的事情来。所谓"仓廪实而知礼节，衣食足而知荣辱"，老百姓只有在吃饱穿暖之后，才会考虑更高层次的东西。这符合美国心理学家马斯洛提出的"需求层次理论"。孟子说的"制民之产"不过是人最基本的生理需求，故当摆在首位。

只有让百姓衣食无忧，才能让他们乐于"从善"，从而达到善治的目的。孟子既强调要"制民之产"，也强调让百姓懂得"孝悌之义"，说明早在两千多年前孟子就发现了国家治理的两个最基本的方面：物质生产与精神引导，前者是物质文明，后者即精神文明，两手都得抓。

4. 七宝夜壶与亡国之器

朱元璋出身贫苦，早年曾做过乞丐，当过和尚，深知生活之不易。有一次，有人送他一个华美的马鞍，朱元璋坚持不受，还说："局势这么混乱，需要人才安定国家，还需要大量的粮食和布匹。金银财宝派不上用场，请不要再送。"打败陈友谅之后，又有人把陈友谅的镂金床送给他，朱元璋只看了一眼，说道："这和孟昶的尿壶有什么两样？"于是下令将之毁掉。朱元璋做了皇帝后，一直保持朴素、节俭的作风。他常对大臣说，珠玉非宝，节俭是宝。自古因为奢侈而导致误国的事情还少吗？如果不厉行节俭，小的奢侈总有一天会变成大的灾难。

> 富民之要，在于节俭。
>
> ——《史记·平津侯主父列传》

孟昶是五代十国时期后蜀的末代皇帝。他十六岁即践祚，当政之初十分勤政，也很节俭。但是到了后期，他开始沉湎于酒色，生活也越来越荒淫奢侈。传说他有一个由金、银等七种宝物制作而成的"七宝夜壶"，奢华无比。后来，宋太祖赵匡胤出兵灭了后蜀，这件宝物就落在了他手里。

> 见孟昶宝装溺器，椿而碎之，曰："汝以七宝饰此，当以何器贮食？所为如是，不亡何待！"

赵匡胤见到这件不可思议的宝物时没有欢喜，却十分愤慨，认为这根本就是一件亡国之器，立刻让人将之打碎。他说，孟昶居然用这么多珍宝来装饰一个夜壶，那他吃饭的器皿还不得更奢华呀？他这样奢侈无度，怎么能不亡国呢！赵匡胤看到的不是宝贝，而是奢靡带给国家的伤害。

赵匡胤虽为宋朝的开国皇帝，生活却过得十分节俭。《宋史》称他"性孝友节俭"。后人可以通过以下细节略知其大概：

> 宫中苇帘，缘用青布；常服之衣，浣濯至再。魏国长公主襦饰翠羽，戒勿复用，又教之曰："汝生长富贵，当念惜福。"

宫中的苇帘，边缘都是用的青布；太祖经常穿的，也都是浣洗过多次的衣服。有一次，魏国长公主的短袄装饰着翠鸟的羽毛，太祖告诫她不要再使用，并教导说："你生长在富贵环境中，更当珍惜福分。"

什么是"青布"呢？顾名思义，就是指颜色是青色的布，汉代之后，这样的布就被认为是卑贱之人使用的，比如说奴婢等。在唐代这是品级很低的官员才使用的布料，比如说"九品芝麻官"。而宋太祖，堂堂一个皇帝，竟然寒酸到用这样的布来装饰帘子，这就是他节俭的体现。历史学家对赵匡胤的评价很高，这固然不仅仅是因为他的节俭，但其节俭的美德一定给他加了分。

老子在《道德经》中曾劝诫过统治者：

我有三宝，持而保之：一曰慈，二曰俭，三曰不敢为天下先。……慈故能勇，俭故能广，不敢为天下先，故能为器长。

统治者的穷奢极欲对于老百姓绝非好事，只会加重对百姓的压榨。为此，老子提出治国的"三大法宝"：仁慈、节俭、先人后己。在位者因为仁慈爱民，所以能从心底产生保护人民的勇气；在位者因为生活节俭，所以能够开源节流，扩大生产；在位者因为先人后己，所以才成就大器。

节俭是一种个人美德，也是一种家庭美德，还是一种政治美德。于身而言，俭有八种好处。一是"以俭立名"，俭能带来美好名声。二是"俭则足用"，俭能带来足够财富。三是"俭以寡营可以立身"，俭能自强自立。四是"俭以善施可以济人"，俭能利他济人。五是"于人无争，亦于人无求"，俭能减少争斗。六是"俭则约，约则百善俱兴"，节俭则会有节制，有节制则百善都兴起来。七是"俭开福源"，俭能广开福源。八是"惟俭可以惜福"，俭能常惜福报。

于家而言，纵使"家有良田万石，也要粗茶淡饭"，不节俭，则总有一天坐吃山空。谚语说："家有千金，不点双灯。"节俭不是小气，节俭是持家之道，是富家之方。正所谓"黄金本无种，出自勤俭家"，唯有勤俭，才是兴家的秘诀。勤很重要，俭更重要。林语堂说："致富的艺术大部分是以节俭聚成，所有的人对于获取钱财，并不具有相同的本领，但是每一个人都可以有权去实行这个优美的道德。"勤是开源，与能力有关，能力固有大有小；俭属节流，与德行有关，德行则人人可践。一个家庭，要想兴旺发达，就离不开勤和俭这两个字。

于国而言，"历览前贤国与家，成由勤俭破由奢"。勤俭是兴国成国的必然要求。"上节下俭者则用足，本重末轻者天下太平。"在整肃吏治方面，节俭还是颇有疗效的"抗腐剂"，一官之廉，非俭而不可得。"惟俭可以养廉"。俭则寡欲，则于人无求，故不妄取于人，廉即由此而生也。无论一个国家多么强大富裕，一旦当政者不懂得节约，那将会随时有败光之虞。

平
天下编

一、万邦一家亲

1. 天下为公

汉文帝时，吴王刘濞派吴国世子刘贤去长安面见圣上，汉文帝命太子刘启，即之后的汉景帝去接待。两人在下棋的过程中，刘贤对太子刘启不敬且不知悔改，太子刘启难以忍受，一气之下用棋盘将刘贤砸死了。文帝命人将刘贤的尸体送回吴国安葬，刘濞见后大怒："天下刘氏同为一家，人死便葬在长安，何必送回吴国安葬？"说罢便命人将刘贤的遗体送回长安下葬。

> 道之以政，齐之以刑，民免而无耻；道之以德，齐之以礼，有耻且格。
> ——《论语·为政》

"天下一家"的观念为中国所独有，其源头可追溯至西周。周朝实行分封制，天子把土地分给诸侯，称"邦"或"国"。同样，诸侯又将土地分给大夫，称"家"。邦、国及家的实质都是一种行政区划。邦、国是一个级别，都比家大。家是在邦、国的基础上再分出的更小单元。其次序是，先封邦建国，而后再分家。

那时的邦、国类似于现在的"省"，家相当于现在的"市"。在秦朝实行郡县制之前，古代文献中出现的邦、国或家等概念，都与此有关。因此，不能将之与秦汉以后，甚至现在的国、家概念搞混淆，否则就会闹笑话了。

比如成书于春秋时期的《论语》就反复提到了这几个词。如果把其中的邦、国都理解为现在意义的国家，即周朝，那就有偏差了；要是把家理解为家庭，那就更加是一种误解。

子贡曰："……夫子之得邦家者，所谓立之斯立，道之斯行，绥之斯来，动之斯和。"

子曰："道千乘之国：敬事而信，节用而爱人，使民以时。"

这两句话中分别出现了邦、家、国这三个概念。第一句中的邦是指诸侯之邦，家则指大夫之家，都是行政概念。第二句中的国也是指诸侯之国。也就是说，在这里，邦、国都不是指周朝；家也与现代意义的家庭不同。秦汉之前讲的邦、国、家都有其特定的含义。

既然古时候的邦、国都不能代表现在意义的国家，那如果非要表述这个概念，应该怎么办呢？当然有办法。古人有一个专门的词，其意义就相当于现在的国家，这个词语就是"天下"。"天下"这个概念中国人很早就已经在使用了。如《礼记·礼运》中说：

大道之行也，天下为公。选贤与能，讲信修睦，故人不独亲其亲，不独子其子，使老有所终，壮有所用，幼有所长，矜寡孤独废疾者，皆有所养。

天下为公是大同社会的一个典型特征。天下，实际上就是现代国家的概念。天下，其意思是普天之下，所以也可以指整个世界。但由于当时中国人认为中国即整个世界，故其实指仍为中国。天下为公，就是把天下当作是"公家"的，是大家的天下，这样天下之人当然是"一家人"。这就是万邦一家亲的第一层含义。俗话常说"四海之内皆兄弟"，其中就包含了这个意思。

但是《诗经》中的《北山》，提到了万邦一家亲的另一层意思。其诗曰：

普天之下，莫非王土；率土之滨，莫非王臣。

这句话也明显体现了中国人万邦一家亲的观念。但是，这种一家亲跟《礼运》里面讲的天下为公是不同的。这里的"家"是以王为中心的，其实是"私家"，与天下为公的"公家"有所差别。在这个意义上说，一家就是指狭隘的一姓。

也就是说，这个家是以血缘关系为纽带的家庭。古代"封建"的对象以宗族姻亲为主。因此，"邦君"与"邦君"，大多是有着血缘关系的真正家人。因此《论语》中有言：

鲁卫之政，兄弟也。

这是因为鲁国是周公姬旦的封地，而卫国则是康叔姬封的封地，这两个人本就是亲兄弟。所以，这两个国家的政治，相当于兄弟之间的家事。推而广之，万邦同样也是如此，邦是家的延伸，为了分家故有封邦。

但是，不管是由"邦"到"家"，还是由"家"到"邦"，其实质都是一种社会关系体，也是"礼"的体现，即秩序的确定。《论语》说"礼之用，和为贵"，在这个层次上说就是"协和万邦"。万邦虽然有大小远近之别，但都可看成血脉相连一家亲，这种邦、家关系的核心就是家国同构。照这种思路，一家是小国，一国是大家，家与国，国与家，其本质结构是一致的、共通的。

据此而言，"协和万邦"也可以说是一种"齐家"之术。比如《大学》中就说：

欲明明德于天下者，先治其国；欲治其国者，先齐其家。

这与俗话说的"一屋不扫，何以扫天下"是一个道理。所以，孔子认为能在家中做到孝友也可以算作从政。这是一种反向逻辑，是从国推到家。

子曰："书云：'孝乎惟孝，友于兄弟。'施于有政，是亦为政，奚其为为政？"

这么看来，中国古代的家、国本来就是一体的。既然"家和万事兴"，那国何尝不是这样？国是如此，世界又何尝例外？中国人热爱和平也是由此。既然是一家人，为什么不能和平共处、相亲相爱呢？

2. 战争的中庸之道

刘邦平定天下后，陆贾经常在他面前谈论《诗经》《尚书》等儒家经典。刘邦对这些东西一点都不感兴趣。可是，陆贾偏偏一唠叨起来就没完没了，听着实在让人烦心。于是，刘邦就没好气地对陆贾说："我是在马上打的天下，怎么能整天去读《诗经》《尚书》呢？"陆贾看时机成熟，遂顺势说道："不错，您确实是在马背上打下的江山，但是马背上的那一套真能把天下治理好吗？以前商汤跟周武王也是依靠武力取得天下的，但商、周能延续数百年，靠的却是仁德，这就叫作'逆取顺守'。治理国家，只有懂得这个道理，文武并用，才能实现国家的长治久安！"刘邦觉得很有道理。

<blockquote>
故国虽大，好战必亡；天下虽安，忘战必危。

——《司马法·仁本》
</blockquote>

中国人做事讲究"中庸之道"，即不走极端。有一次，子贡问孔子："颛孙师和卜商谁更加贤能？"孔子回答说："颛孙师做事经常过头，卜商做事畏畏缩缩，放不开手脚。"子贡说："那您的意思是颛孙师更加贤能吗？"孔子答道："过分与不及就是一回事。"这就是要追求无过无不及、恰到好处的中庸之道。

理学家程颐这么解释"中庸"：

不偏之谓中，不易之谓庸。

"不偏"就是不偏离，"不易"就是不改变。中庸就是要恪守"正"道。孔子在很多地方讲到"中庸"，认为中庸是一种至高无上的德行，也是处理一切事情的根本方法。

孔子的中庸思想也体现在他对待战争的态度上。他并不是一味反对战争，但也不抬高战争。他既看到了军事对于一个国家的重要性，又深知其可能带来重大灾祸。

谁都知道，一个国家如果缺乏足够的军事力量，就有可能遭到入侵，弱国是没有外交的。发展经济，巩固国防，凝聚人心，这三者都是国家安定发展的基础。但是，在"足食""足兵"与"民信之"三个选项中不得已要去掉一个，孔子认为首先去掉"兵"，再万不得已可以去掉"食"，留下最重要的"民信之"，因为民心是国家最重要的保障。

有一次，齐国大夫陈成子（田恒）犯上弑君，杀了齐简公，孔子非常气愤。他不管年老退休，斋戒沐浴，去见鲁君，义正词严地说道："田恒竟然大逆不道，杀了自己的国君，请您派军队前去讨伐他！"可见，孔子虽然讲"为政以德"，但他并没有一味地反对战争，为了匡扶正义，有时候战争是不可避免的。

但是，孔子也不主张随意发动战争，他对待战争的态度是严肃而慎重的。战争毕竟是残酷的，不到万不得已的地步，最好不要轻易开战，即便开战，也要谨慎小心。

子之所慎，齐、战、疾。

古代"齐"与"斋"可以通用，意思是斋戒以祭神。弟子们记下这段话，把斋戒、战争、疾病放到一起，表明这些都是孔子平时会慎重对待的事情。朱熹在注释这段时，谈到了他对此的看法，给出了一个孔子之所以对战争慎重的可能原因。他说：

战则众之死生、国之存亡系焉……不可以不谨也。

因为战争可能威胁到民众的生命，并与国家存亡紧密相关，所以一定要慎重行事。最好是不要战争，不战而屈人之兵。所以在食、兵、信三者中，孔子第一个选择去掉的就是兵。对于那些无谓的战争，孔子是坚决反对的。

还有一次，季氏想讨伐颛臾，就因为颛臾这个地方靠近季氏的封地，让他有压迫感。对于这件事情，孔子十分反对。他把前来"汇报"的冉有、子路一顿数落、痛骂。这两位孔子的得意门生，在孔子这里讨了个没趣，不敢再说什么。

古代的兵书《司马法》不仅谈到了什么情况下可以发动战争，君王靠什么打仗，还谈到了"战道"，就是作战的根本原则，最后还总结出一条"不好不忘"的战争中庸之道。

是故杀人安人，杀之可也；攻其国，爱其民，攻之可也；以战止战，虽战可也。

故仁见亲，义见说，智见恃，勇见方，信见信。内得爱焉，所以守也；外得威焉，所以战也。

战道：不违时，不历民病，所以爱吾民也；不加丧，不因凶，所以爱夫其民也；冬夏不兴师，所以兼爱其民也。

故国虽大，好战必亡；天下虽安，忘战必危。天下既平，天下大恺，春蒐秋狝，诸侯春振旅，秋治兵，所以不忘战也。

这里提到了有三种情况可以使用战争解决问题：为了安人，为了爱民，为了止战。如果把战争当作一种手段，目的是让百姓生活得更好或者从根本上避免战争，那战争就是合法的。

如果是这种情况，百姓自然众志成城，会与其君主并肩作战，这样退则可以守，进则可以战，就能够立于不败之地。

但是，战争也有需要遵守的"战道"：不要违背农时，也不要在疾病流行时兴兵，这是爱自己的百姓。不乘敌人国丧和敌国灾荒时去进攻它，这是爱护敌国的民众。也不在冬夏两季兴师，为的是爱护双方的民众。

一个国家不管有多么强大，如果一味穷兵黩武，就会一步步走向灭亡。世道太平，也应该做好战争的准备，该练兵的时候就练兵，这样才能够避免危险。这就是战争的中庸之道。

3. 国家礼节

虞和虢是春秋时期的两个小国。当初这两个国家关系很好，相互支持，国虽小却能保全于乱世。晋国对这两国垂涎已久，但又害怕两国联合起来，自己没有必胜的把握，所以不敢轻易举兵。于是，晋大夫就打算用离间计。他对晋献公说："虞君贪得无厌，我们不妨送他良马和美璧，然后要求他借道给我们去攻打虢国。"虞君得到良驹和美玉，开心极了，就同意了晋国借道的要求。虞大夫宫之奇再三劝说："虞虢两国，就好像是唇齿相依，虢国一亡，唇亡齿寒，虞国也难逃一劫！"可虞君却听不进去。晋假道伐虢，四月而大获全胜。现在虞国失去了最佳盟友虢国，完全不是晋国的对手。果然，晋国接着就把矛头对准了虞国，并轻易灭虞国。

> 凡交近则必相靡以信，远则必忠之以言。
>
> ——《庄子·人间世》

1953 年 12 月，中印两国就中国西藏问题在北京进行谈判，周恩来总理在中南海西花厅会见印方代表团，在谈话中第一次完整地提出了和平共处的五项原则。1955 年，在印度尼西亚万隆举行了有二十九个国家和地区参加的万隆会议，会上发表了《关于促进世界和平与合作的宣言》，其中即包括了这五项原则：互相尊重主权和领土完整、互不侵犯、互不干涉内政、平等互利、和平共处。此后，这五项原则即被世界上绝大多数国家接受，成为国与国交往的重要准则。

其实，周恩来总理和平共处五项原则的提出，绝非偶然，而是中国几千年来邦交之道的体现。

中国素来被称为"礼仪之邦"，邦交也有邦交之礼。比如《周礼·春官宗伯·大宗伯》提到的吉、凶、宾、军、嘉等"五礼"，这五个方面其实都跟邦交有关系，其中凶、宾、军与邦交关系甚密。

以凶礼哀邦国之忧，以丧礼哀死亡，以荒礼哀凶札，以吊礼哀祸灾，以禬礼哀围败，以恤礼哀寇乱。

以宾礼亲邦国，春见曰朝，夏见曰宗，秋见曰觐，冬见曰遇，时见曰会，殷见曰同，时聘曰问，殷眺曰视。

以军礼同邦国，大师之礼，用众也；大均之礼，恤众也；大田之礼，简众也；大役之礼，任众也；大封之礼，合众也。

凶礼主要是用来哀悼天下各国所遭遇的忧伤。其中又分：哀悼死亡的丧礼，哀悼饥馑和疫病的荒礼，哀悼水灾和火灾的吊礼，哀悼战败国家的禬礼，还有哀悼遭受侵犯或有内乱之邻国的恤礼。

宾礼是为了使天下各国亲附。诸侯在不同季节朝见天子，有不同的礼节：春天叫朝，夏天叫宗，秋天叫觐，冬天叫遇。天子不定期地会合诸侯叫会，天下众诸侯国来朝见天子叫同。诸侯无定期地派人慰问天子叫问，一起派人去看望天子叫视。

军礼则用以协同天下各国。大军出征之礼，是为了激起民众的义勇；大均，包括校正户口、均衡赋税，是为了体恤民众；举行大田猎之礼，是为了检阅军队和战车；大兴劳役之礼，是为了让民众为国出力；大规模勘定疆界之礼，是为了聚合民众。

这三种大礼主要是讲周室与诸侯之间的交往之道。其实，诸侯与诸侯之间的交往也是同样的道理。《周礼·秋官司寇》中说道：

> 凡诸侯之邦交，岁相问也，殷相聘也，世相朝也。

这是诸侯间交往的规定。诸侯与诸侯之间，每一年都要派人相互问候一次，隔几年要相互聘问一次，当一国有新君即位时，还要进行朝拜礼。这些礼节必不可少。

国家交往是古代思想家经常讨论的话题。如庄子认为"忠信"是邦交之道最重要的法则：

> 凡交近则必相靡以信，远则必忠之以言。

忠、信本是人与人交往的原则。孔子曾强调"主忠信"，认为这是一个人的重要德行。所谓"尽己之谓忠"，忠就是竭尽全力，不敷衍了事；所谓"以实之谓信"，信就是要诚实待人，不虚情假意。庄子把忠、信扩充为国与国的交往之道。他说：与近邻交往，最要紧的就是讲信用；与远邦交往，也要一诺千金。古人讲究"义利之辩"，那不是不要利，而是懂得道义就是最大的利益。

孟子有一个很重要的邦交观点，他提出国与国的交往要分两种情况：以大事小和以小事大。但不管是哪种情况，都要讲究仁和智，要道义当先，只有这样，才能够保证国家的最大利益，最终保全国家。

> 齐宣王问曰："交邻国有道乎？"
>
> 孟子对曰："有。惟仁者为能以大事小，是故汤事葛，文王事昆夷；惟智者为能以小事大，故大王事獯鬻，勾践事吴。
>
> 以大事小者，乐天者也；以小事大者，畏天者也。乐天者保天下，畏天者保其国。

大国不欺辱小国，小国不巴结大国，这正是大国与小国的"忠信"之所在。唯其如此，大国可"保天下"，小国可"保其国"。如若不然，则大国必霸凌小国，小国必谄媚大国，二者又如何能自保其国与天下？聪明的做法是：道义为大利，利益由大道，凡事不失"忠信"二字，则不论大国、小国，可各得其所。邦交之道，舍此无他！

中国自古以来的邦交传统，就是坚持与邻为善、以邻为伴，重感情、讲诚信、倡包容、求共赢，也就是"亲、诚、惠、容"。其中，"诚"就是"信"，是"交近"的根本原则，也很重视"远方的朋友"，"交远"则"忠之以言"。这也是中国外交的基本信念。

4. 王道与霸道

周太公带领国民居住在邠地，狄人屡次前来进犯，太公就把皮裘、丝绸等献给狄人，可狄人不满足。太公又用狗、马等动物进贡，狄人还不满足。太公又用珠宝美玉呈贡，可是狄人仍不满足。太公知道，狄人的野心是没有办法靠这些填满的。于是，太公把父老乡亲都召集起来，对他们说："狄人真正想要的是我们的土地。没有得到我们的土地他们是绝不会善罢甘休的。但土地是用来养育百姓的，我不能为了土地而把百姓送上战场。所以，我打算把土地让给狄人。我离开之后，希望你们在这里好好生活！"于是太公就离开了邠地。他越过梁山，最后搬到了岐山脚下。邠地的百姓都说："这是一个仁人，我们要跟随他！"众人也都纷纷迁居到岐山脚下。

> 为政以德，譬如北辰，居其所而众星共之。
>
> ——《论语·为政》

治理国家，可以选择用政刑，也可以选择用德礼，还可以二者并用，但效果却是截然不同的。孔子曾说：

　　道之以政，齐之以刑，民免而无耻。道之以德，齐之以礼，有耻且格。

　　如果只是用强制性的政令和刑罚来治理国家，百姓虽然都会设法避免触犯法令，但不会产生羞耻之心。如果用道德来教化、引导百姓，用礼制统一百姓的言行，百姓不仅能守规矩，而且还会有羞耻之心。

　　也就是说，使用强制性的政刑治理模式只能让百姓被动服从，而不能像使用德礼一样让百姓主动做一个良好公民。这就是为什么邠地之民会跟随周太公去岐山。因为他们认定了周太公是有德行之人，心甘情愿接受他的治理。

　　孟子曾提出了一个著名的"王霸之辩"，也就是"王道"和"霸道"的区别。王道是以德服人，霸道是以力服人。一个是用德行感化百姓，一个是靠武力使万民屈服。孟子虽然没有直接批评霸道，但显然他认为王道更好。

　　以力服人者，非心服也，力不赡也；以德服人者，中心悦而诚服也，如七十子之服孔子也。

　　靠武力胜过别人，让别人屈服的，别人不会真心服气，只是因为力量不及罢了；用德行让别人敬佩，别人就会口服心服。孔子的七十二贤弟子之所以敬重孔子不是因为孔子比他们强大，而是因为孔子比他们高尚。

　　项羽自封"西楚霸王"，就是"力征"者的一个典型。项羽身长八尺，力能扛鼎，"力拔山兮气盖世"。加上行伍出身，故其治国也以霸道。司马迁在《史记》中评价他说：

　　自矜功伐，奋其私智而不师古，谓霸王之业，欲以力征经营天下，五年卒亡其国，身死东城，尚不觉悟而不自责，过矣。

　　项羽认为自己能够开创所谓的"霸王之业"，打算凭借武力来征服天下，但没有想到仅仅过了几年时间，他就遭遇了滑铁卢。项羽到死也没有想明白自己为什么失败。他甚至还说，这是上天要灭我，不是我打仗输了。这就很荒谬了。

　　与项羽不同，周文王则是实行"德治"的典范。周文王是一个非常仁德的人。《史记·周本纪》记载：

> 遵后稷、公刘之业，则古公、公季之法，笃仁，敬老，慈少。礼下贤者，日中不暇食以待士，士以此多归之。

这是说文王继承后稷、公刘的事业，遵照古公、公季的法则，笃行仁义，尊敬长者，慈爱幼小。周文王能屈节礼遇贤能，为了接待士人，有时中午都顾不上吃饭，士人纷纷投奔他。天下归心，就是其仁德感召所致。

据《尚书》记载：舜帝之时，南方的有苗族不服从管理，舜遂派禹南征。禹率大军南下，进攻有苗一月有余，但有苗仍负隅顽抗。舜遂命班师，乃"诞敷文德""执干戚而舞之"，以文化之，有苗遂服。所谓"干戚"就是盾牌和大斧子，都是武器；拿着武器跳舞，让敌人看到这个阵势就被震慑了，这就是舜的做法。道德感化的力量要远远超过武力的征服。

> 昔者夏鲧作三仞之城，诸侯背之，海外有狡心。禹知天下之叛也，乃坏城平池，散财物，焚甲兵，施之以德，海外宾服，四夷纳职，合诸侯于涂山，执玉帛者万国。

这是《淮南子·原道训》对于夏禹的评价。鲧是禹的父亲。他曾修筑高大的城墙来防范敌人，结果反而招致诸侯叛乱，海外各国也各怀鬼胎。禹知道这样做是不行的，于是拆毁高墙，填平深河，散发财物，焚烧铠甲，施行仁德，结果四海臣服，诸夷纳贡，各路诸侯纷纷带着玉器、锦缎前来涂山朝拜大禹。

二、人类命运共同体

1. "万国来朝"的辉煌

明成祖永乐三年（1405），郑和率领 27 800 人的大船队，乘风扬帆，浩浩荡荡出使西洋。郑和的大船，长 44 丈，宽 18 丈余，为当时的世界之最。不过，这样一支庞大的船队，不是去征服海外，也不是去殖民海外，而是与他国通好。路上若遇不测，则示之以强大武力使其不敢造次。郑和这次远航，自西太平洋至印度洋，历经三十余国家和地区。至永乐五年（1407）回国，西洋诸国皆派遣使者随同郑和舰队前来大明宫廷朝见。从永乐至宣德的 28 年内，郑和先后七下西洋，沟通了大明王朝与西洋各国的联系，在海外进献的奇珍异物辐辏宫廷的同时，也因朝廷对来使赏赐太厚，国库为之空虚。

远人不服，则修文德以来之。

——《论语·季氏》

郑和船队虽然前后航行达二十八年之久，随行官兵众多，遍历亚洲、非洲三十多个国家和地区，但他们没有在海外建立一块殖民地，也没有对他们到达的任何地方声称拥有主权，更不会夸耀什么伟大的"发现"。当时明朝拥有比世界上任何国家都雄厚的国力，但是郑和船队并没有因此而凌辱小国，霸占别国的土地。郑和几次用兵，都是被迫出手，如平定陈祖义等海盗。更多的时候，郑和是引导其他国家前来进贡，交换各种商品。当时东南亚的满加剌国（今孟加拉国）和暹罗（今泰国）之间发生冲突，经明成祖调解，两国实现和平。从此，满加剌国和暹罗成为对明朝最友好的国家。

中国自古没有开拓殖民地的习惯。周代开始实行特有的"五服"制度。《国语·周语》说："夫先王之制，邦内甸服，邦外侯服，侯卫宾服，蛮夷要服，戎狄荒服"。"五服"的划分以首都为中心，每隔五百里为一级。属于甸服的要供应周天子每天的祭礼；属于侯服的要供应每月的祀礼；属于宾服的要供应四时的献享；属于要服的要负责岁贡；属于荒服的则以王者侍奉天子之礼，终身朝王一次。可见，"五服"制度实际上就是建立在华夷观念下的一种以周天子为核心的邦国朝贡体系。中国很早就形成了居于世界领先地位的华夏文明，而华夏的四周，是文化相对落后的"夷狄之邦"。华夏与夷狄，区别在于文明的先进与落后，于是便产生了"用夏变夷"的政治主张。但是，"用夏变夷"主要是一种文化的认同和引领，并非用武力征服而雄霸天下。儒家所谓"远人不服，则修文德以来之"，就是提倡以文明教化、道德感化的方式吸引远方国家的民众"移民"于我国，体现了一种高度的文化自信。

有研究表明，郑和下西洋最大的目的是通过向海外显示中原王朝的富强，宣扬明朝的威德与明成祖的威望，以招徕海外诸国的称臣纳贡，建立朝贡体系。但无论如何，中国绝不会因自身强大便欺凌弱小，这一点早在明朝开国皇帝朱元璋的《皇明祖训》中便展露无遗：

四方诸夷，皆限山隔海，僻在一隅。得其地不足以供给，得其民不足以使令，若其自不揣量，来扰我边，则彼为不祥。彼既不为中国患，而我兴兵轻伐亦不祥也。吾恐后世子孙倚中国富强，贪一时战功，无故兴兵，致伤人命，切记不可。

朱元璋将朝鲜、日本、大琉球、小琉球、安南、真腊（今柬埔寨）、暹罗（今泰国）、占城（今越南南部）、苏门答腊、西洋国、爪哇、湓亨（马来半岛地区)、白花(苏门答腊岛西北部)、三佛齐(苏门答腊岛巨港)与渤泥国(今文莱)十五国列为"不征诸夷"。他认为此类国家若不犯边境,明朝出兵讨伐是不祥之举。就算国富民强,朱元璋也告诫后世绝不能随意发动战争,残害生命。

反观世界他国历史,情况就大不一样了。自"新大陆"发现以后,世界联系日益紧密,各国之间征战不断,大欺小,强欺弱,几乎成为国际关系的常态。英国、葡萄牙、西班牙、荷兰都选择称霸的道路,殖民地遍及全世界,掠夺了大量的财富。他们与明朝选取的道路截然相反。郑和去过的国家,除了代表朝廷赠送金银珠宝、绫罗绸缎等礼品,还有自由的贸易往来,故所到之处,皆是一片祥和的景象。中国的传统思想向来是反对战争、追求和平的。即便《孙子兵法》,也强调"不战而屈人之兵"。中国独特的地理环境和历史文化孕育出"以和为贵"的外交理念,主张"修德来远",而不是依靠武力征服。反观西方开辟航道,却使当地居民处于水深火热之中。英国开辟了无数殖民地,掠夺当地财富,号称"日不落帝国";葡萄牙从非洲、美洲掠夺大量的黄金、钻石;西班牙建立强大的殖民帝国,获取美洲的金银和亚洲的产物。

钱穆认为,西方文化"务于'力'的斗争,而竞为四围之战",因此"务于国强为并包",而中华文化则"常务于'情'的融和,而专为中心之翕",因此"务于谋安为系延"。简要而言,西方文化崇尚武力,中华文化则热衷情感。中国即使在封建王朝鼎盛时期,几度有"万国来朝"的辉煌,也没有进行大肆侵略与扩张,而常常是"厚往薄来",这是中国人热爱和平、不恃强凌弱的最好写照。美国学者詹姆斯·赫西昂谈到上述情况时,赞叹地说:"由于缺乏一种更好的词汇,我只能称之为真善美。"

"没有永远的朋友,只有永远的利益",这句西方外交名言常被提及。然而，纵观历史，几乎所有不平等的国际关系、血腥的冲突、惨绝人寰的战争都与这种国家利益主义相关，而它与中国传统的邦交之道格格不入。中国文化主张"义利兼顾""义以为上"，强调整体利益、长远利益，反对目光短浅，唯利是图，主张"己欲立而立人，己欲达而达人"，"人皆有所不为，达之其所为，义也"。这就不难理解，郑和下西洋并非为了获取他国财富，而是期望树立一个道德标杆，感化他国，通过航行的方式宣示国威，将明朝的影响扩及海外，建立以中华文明为中心与"四海之内皆兄弟""环球同此凉热"的和谐世界。

随着中国成为世界第二大经济体，国际社会上有关"中国威胁论"的声音不绝于耳，"一带一路"建设，正是中国在向世界各国释疑解惑，宣示和平崛起。中国的崛起，不以损害别国利益为前提，也非西方式的殖民掠夺。历史地看，中国是一个负责任的大国，体现了中国传统文化中的"大同"理念和"天下一家"的情怀，体现了中国外交的"双赢"主张而非"零和博弈"，体现了中国文化特有的"义以为上"的价值取向。正如习近平总书记指出的："义，反映的是我们的一个理念，共产党人、社会主义国家的理念。这个世界上一部分人过得很好，一部分人过得很不好，不是个好现象。真正的快乐幸福是大家共同快乐、共同幸福。我们希望全世界共同发展，特别是希望广大发展中国家加快发展。利，就是要恪守互利共赢原则，不搞我赢你输，要实现双赢。我们有义务对贫穷的国家给予力所能及的帮助，有时甚至要重义轻利、舍利取义，绝不能唯利是图、斤斤计较。"

2. 大国情怀，天下一家

中国发生新冠肺炎疫情以来，收到诸多慰问及援助，连绵不绝的善意令人动容。日本捐赠给武汉的物资包装箱上写着"山川异域，风月同天""岂日无衣，与子同裳"。巴基斯坦举全国之力援助中国，此等举动让我们真切体会到中巴两国"比山高、比水深、比蜜甜、比铁硬"的兄弟友谊。俄罗斯"硬核"援助，两次军机援助40吨物资。截至2020年2月5日，中国收到了来自韩国、日本、泰国、马来西亚、印尼、哈萨克斯坦、巴基斯坦、德国、英国、法国、意大利、匈牙利、白俄罗斯、土耳其、伊朗、阿联酋、阿尔及利亚、埃及、澳大利亚、新西兰、特立尼达和多巴哥等21个国家政府和联合国儿童基金会捐助的疫情防控物资。

在中国政府和人民的不懈努力下，疫情得到了良好的控制。而国外却爆发更大规模的新冠肺炎疫情，中国感同身受，主动对有需要的国家提供力所能及的帮助。截至2020年3月31日，中国已对120个国家以及4个国际组织提供紧急援助，包括检测试剂、口罩、呼吸机等医疗物资。

投我以木桃，报之以琼瑶。匪报也，永以为好也。

——《诗经·卫风·木瓜》

在新型冠状病毒肺炎席卷中国的日子，全国齐心协力、上下同心，为打赢这场战役付出了艰苦卓绝的努力。

武汉的新增病例变为"0"的那一刻，所有人都按捺不住激动的心情，两个多月的辛勤付出终于有了回报，胜利的曙光近在眼前。我们的祖国，把人民的生命安全放在第一位，尽其所能控制疫情。全国14亿人民听从指挥在家隔离，毫不懈怠。这种保护自己、关心他人的集体主义精神，让中国以最快的速度控制住疫情。有不少西方媒体无法理解，甚至抨击我们的人民没有自由，可是国人心知肚明，保全生命权，才是最大的自由。西方人重人权，可是我们深知还有比人权更有实际价值的自我隔离："隔离，人权没了；不隔离，人全没了。"西方人重自由，可是我们深知还有比自由更严重的 ICU。哪怕中国遭受着重重误解，甚至有居心叵测的国家及无良媒体污蔑中国，以泼脏水的方式挑战着我国的底线，我国仍然本着公开透明的原则，及时传达信息，为其他国家敲响警钟。

中国这种无私奉献的精神，积极寻求各国守望相助的理念，进一步深化国际合作的行动，赢得不少国家及国际组织的认可与称赞。一些外国政党政要致电致函中共中央对外联络部，赞赏中国共产党同各方及时分享抗击新冠肺炎疫情的经验做法，积极推动国际抗疫合作，生动践行了人类命运共同体的理念。中国不仅与世界各国开展合作、分享经验、提供帮助，更派出本国专家前往意大利、俄罗斯等国家的疫情严重地区。中国秉承的命运共同体理念得到了不少国家的支持与赞誉。

2020 年 3 月 30 日，《人民日报》刊载了几个国家领导人的言论：

俄罗斯联邦共产党中央委员会主席久加诺夫表示，我们为中国人民抗疫斗争取得的重要成果感到十分高兴。中国还积极帮助其他国家抗击疫情，以实际行动印证了人类命运共同体的理念，展现了中国共产党的国际情怀。全球战疫仍在继续，中国的抗疫成就为世界注入了信心。

泰国为泰党战略委员会副主席、前副总理颇钦表示，全世界人民都将意识到，构建人类命运共同体是实现和平、和谐、繁荣的必要前提。我们坚决反对将公共卫生问题政治化，坚决抵制歧视任何国家、地区和族群的言行，坚决反对破坏国际抗疫合作。

哥斯达黎加广泛阵线总书记奥尔特加表示，我们真诚感谢中国慷慨援助哥斯达黎加抗击疫情，这充分体现了两国人民的友好情谊和团结精神。一些别有用心的人质疑中国取得的抗疫成果，我们对此坚决反对。

　　此等赞许数不胜数，可见，少数国家妄图甩锅，往中国身上泼脏水的无耻行径，损人不利己，终究不会赢得世界各国的认可。

　　中国这种负责任有担当的精神，与自古以来的"天下"观念密不可分。汉语"天下"一词的内涵并不仅仅指向一个国家，而是偏向于世界的概念。"天下"观念起源很早。据《尚书》记载，早在 4 000 年前尧舜禹的圣王时代就有"光天之下，至于海隅苍生，万邦黎献"，《战国策·齐策》也有"古大禹之时，天下万国"。这是一种中国人特有的世界性视野。中国人的"天下"观不是狭隘的、割裂的，而是宽阔的、整体的。"天下"思维与中国作为大陆国家的地缘特点密不可分。古人表达"天下"的两个词"普天之下"与"四海之内"都是明显的立足大陆对地理的观察视角。冯友兰认为，"住在海洋国家的人民，如希腊人，会不明白，居住在'四海之内'（比如说，住在克里特岛上），怎么就是住在'普天之下'"。古代中国是典型的农业社会，放眼望去，皆是土地，在这种独特的地理环境下产生了一种没有绝对割裂的"天下"意识。

　　如今，"天下"观念与时俱进，"人类命运共同体"进入了国际视野。《中国的和平发展》白皮书中明确提出："不同制度、不同类型、不同发展阶段的国家相互依存、利益交融，形成'你中有我、我中有你'的命运共同体。"人类命运共同体的提出，表明中国在对国际大环境深刻洞察之下，认识到不同国家的命运相连是大势所趋，只有形成命运共同体，人类才有可能避免大国之间的种种猜忌或战争，实现世界的和平与稳定发展。

　　中国提出的"命运共同体"与马克思论述过的"真正的共同体"思想契合。马克思的真正的共同体，指的是"自由人的联合体"，而这样的共同体只有在共产主义社会才能够实现。马克思主义共同体思想是对人类命运的真切关照，是以整体的视角关注人类共同的利益。习近平总书记在领导全国人民进行疫情防控阻击战的同时，高度关注和重视全球抗疫斗争，指挥我们参与全球抗疫，开展国际合作。习近平总书记明确指出，国际社会应当加紧行动起来，有效开展联防联控国际合作，凝聚起战胜疫情的强大合力。国际社会真切感受到了中国领导人矢志不渝的合作精神和天下情怀。今天的这个世界，没有哪个国家能够独自应对人类面临的各种挑战，也没有哪个国家能够退回自我封闭的孤岛。

亨利·基辛格在其名著《大外交》的开篇即写道："几乎是某种自然定律，每一世纪似乎总会出现一个有实力、有意志且有知识与道德动力，企图根据其本身的价值观来塑造整个国际体系的国家。"在 21 世纪，中国正是基辛格博士所预言的那个国家。中国热爱和平、讲求团结，这是有目共睹的，中国为维护世界的和平与稳定做出了巨大的努力是不争的事实。我们的国家是良善的，我们衷心感谢其他国家的积极支援，更在其他国家危难时刻，挺身而出、倾囊相助，以实际行动展现了"滴水之恩，当涌泉相报"的优良传统。新冠疫情波及全球 200 多个国家和地区，事实证明，全球化背景下，没有一个国家可以独善其身，只有携手共进，方可共克时艰，找寻希望。

正如习近平总书记所指出的，"人类命运共同体"的理念秉承着中华民族血脉深处的文化基因，中华民族历来讲求"天下一家"，主张民胞物与、协和万邦、天下大同，憧憬"大道之行，天下为公"的美好世界。我们认为，世界各国尽管有这样那样的分歧矛盾，也免不了产生这样那样的磕磕碰碰，但世界各国人民都生活在同一片蓝天下，拥有同一个家园，应该是一家人。世界各国人民应该秉持"天下一家"的理念，张开怀抱，彼此理解，求同存异，为构建人类命运共同体而努力。